U0745943

没有教不好的孩子
只有不会教的父母

杨 嵩　西川木兰 ／ 著

中华工商联合出版社

你的孩子，其实不是你的孩子

——纪伯伦

你的孩子，其实不是你的孩子

他们是生命对自身渴望而诞生的孩子

他们通过你来到这个世界却并非因你而来

他们在你身边，并不属于你

你可以给予他们的是爱，不是你的想法

因为他们自己有自己的思想

你可以庇护的是他们的身体

却不是他们的灵魂

因为他们的灵魂属于明天

属于你做梦也无法到达的明天

目 录

第一章 所有的教育要从尊重开始

1

第二章　成长比分数更重要

第三章　美德是孩子一生的基石

第四章 成就孩子一生的好习惯

第五章：和谐家庭是孩子成长的乐土

第六章 让孩子管理好自己的小宇宙

第一章
所有的教育要从尊重开始

　　尊重，是一种素质，也是一种美德。人在社会中生活，不同的人性，不同的选择，只能在统一的基本的价值条件下才能获得发展。没有尊重，就没有教育。我们往往会忽略"尊重"真正的内涵与重要性，认为"尊重"是一个谁都知道的问题，但事实上，该问题远非大家所想象的那样简单。只有彼此尊重，父母才能了解、理解、包容和支持孩子的成长，孩子和父母才能彼此陪伴，彼此成长。

给孩子自己选择自己做事情的权利

> 尊重，是一种素质，也是一种美德。　　　——（中国）李镇西
> 教育的秘诀在于尊重学生。　　　　　　　——（美国）爱默生

　　心理学家在对成长期孩子的研究中发现，一个人如果从小得不到尊重，会对他的未来有很大的负面影响，其中之一就是长大以后不会尊重别人，特别是不懂得尊重自己的孩子。

　　所有的成功都是每一个人个性的成功，因此，教育的真谛是让孩子成为他自己，给孩子选择的权利；更重要的是让孩子学会自己去学习做事情，积累自己的经验，从而提高自己的各种能力。著名的教育家陈鹤琴提出："儿童不是'小人'，儿童的心理与成人的心理不同，儿童时期不仅作为成人之预备，也具有他的本身价值，我们应当尊重儿童的人格，爱护他的烂漫天真。"

　　在《教育的秘诀是真爱》一书中，孙云晓教授讲了这样一件事：

　　有一位母亲看到上高中的儿子因为谈恋爱而心神不定的时候，非常替孩子着急，于是在儿子出门后想方设法撬开了儿子的抽屉，取出儿子的日记。可是，当她翻开日记时，手却像被烫了一般。原来儿子在日记本中夹了一张纸条："妈妈，我料定您会来看我的日记，我瞧不起您！我的烦恼是我自己的事情，您不必管我，我能挺过这一关！"

　　这位母亲追悔莫及，感慨自己低估了孩子的能力，不应该不尊重孩子。有的父母也许会这样说："在家里你是我的儿子，我是你妈，我有权力看你的信件和日记。"

2

父母虽然给了孩子生命，养育了孩子，但这并不意味着孩子是父母的附属品。孩子是一个独立的个体，他应该受到尊重，也只有受到尊重后，他才可能尊重自己，并可能学会尊重别人，进而成长为一个具有健康人格的人。

孩子不是属于父母的某种"东西"。当父母意识到孩子也是独立的个体，很多时候就会放弃扮演"过来人"的角色，让孩子自己选择。

01. 不要用自己的经验来代替孩子的成长

父母经常犯的错误是不敢放手让孩子去做任何事情，一切由父母包办。他们会经常对孩子说："除了学习，你什么活都不用干！"这样的教育结果可想而知，孩子的自立能力差，依赖性强，并且经常以自我为中心。其实，孩子的许多优秀品质就是在独立做事情的过程中培养起来的。下面是一位 16 岁少女的心声：

我妈这人事儿特多，对我管的特严，啥事儿都要干涉。比如说我每天能去哪儿，几时能回来；能说哪些话，能做哪些事儿；买衣服、怎么穿得听她的；电视看多长时间，只能看哪些频道……我妈都会紧着吩咐我，甚至连用哪个牌的卫生巾都得我妈说了算。

我觉得我已经长大了，有些事情自己应该可以做主了，可在我们家民主根本行不通。上回去同学家玩，我妈就规定晚上 9 点必须回家，我就迟到了 20 分钟，回来后我爸就打了我，竟然还说：别说 20 分钟，给你规定的时间你迟到一分钟都不可以。这次升学考试更离谱，我一直都喜欢园林设计，我妈却说这门学科太丢人，说别人家的孩子毕业后都当白领，而我这没出息的才去搞花花草草。她自己也没主意，竟然去问别人我报考哪个专业更合适？

现在我每天都觉得很压抑，都喘不过气来，家里好像牢房……

据北京市未成年保护委员会办公室统计，目前的家庭教育中，几乎都有对孩子的某些方面实行包办的现象，只不过是程度各不相同而已。而现在的孩子自主的呼声越来越高，这也形成了目前家庭中孩子和父母存在矛盾的一个重要方面。

父母处处为孩子大包大揽，一是容易让孩子形成依赖，使孩子在生活中没有目标，没有动力；二是不利于培养孩子的责任心，在以后的生活中遇到挫折或是失败时，不会检讨自己，而是怨父母、怨社会。事事替孩子想好，父母们以为是爱孩子，却没有考虑到实际上剥夺了孩子成长中适当遭受挫折、困难，学习爱护和帮助他人的机会与权利。同时，漠视、忽视孩子的情感需求，对他们成长中的问题置之不理，使孩子不得不寻找其他途径解决问题或得到情感满足，又往往因为经验不足或受外界不良影响出现问题。

父母正确的教育方法应该是：引导帮助他，但不能代替他做。

生活中我们常能碰见这样的例子：

"妈妈，我渴了。"孩子说道。

"你应该自己倒水喝去。"妈妈在说这句话的同时就把水给孩子倒好了，送到孩子嘴边，并且说道，"以后像这样的事应该自己去做。"

然而事实上，妈妈很少让孩子自己动手，往往早就给孩子预备好了。让我们看看叶圣陶先生是如何教育孩子写作文的吧。

叶圣陶先生的长子叶至善介绍小时候父亲是怎样教授他作文时，用了"不教"这样的字眼。原来，叶老从来不给孩子教授作文入门、写作方法之类的东西。他只要求孩子每天要读些什么书。至于读点什么，悉听尊便。但是读了什么书，读懂了点什么，都要告诉他。除此之外，叶老还要求孩子每天写一点东西。至于写什么也不加任何限制，喜欢什么就写什么：花鸟虫鱼，路径山峦，放风筝，听人唱戏，看人相骂……均可收于笔下。

叶圣陶先生看似没有教给孩子读书为文的方法，实际上却是引导他们运用自己的思想去思考、去写作。

再来看一看新华网的一则例子，说的是两位家长的例子。

一位出差在外的家长，因为孩子习惯了每天有人叫醒才起床，不得不定点给家打电话完成"任务"，否则孩子很有可能上学迟到。另一位家长无须坐班，眼睁睁看着孩子在闹钟响过后依然沉睡，一直睡到两节课过后才自然醒来，面对孩子的惊慌失措，家长平静地告诉他：自己的问题自己解决。孩子从此再也没有将自己的事情"分摊"

给大人。

这两位家长，第一位代替孩子做事情，结果是锻炼不了孩子的自立能力；第二位是帮助孩子分析该怎么做，虽然孩子这一次晚了，但他从此养成了自己的事情自己完成的好习惯。显然是第二位家长的做法比较值得借鉴。

02.　让孩子成为他自己

每个孩子都有自己的特点。父母应该及时发现孩子的特点，并加以引导，使孩子的成长更加健康。《读者》杂志曾转载过林格的一篇文章，大意如下：

> 台湾著名漫画家蔡志忠的父亲就很愿意让孩子做他们自己喜欢的事，而不是按照自己的意愿设置一个目标，逼孩子去达成。蔡志忠上中学时，大部分时间都沉迷于漫画世界，多门功课不及格，甚至面临留级的命运。当时，台北的一家漫画出版社邀请蔡志忠去画漫画。蔡志忠不知道父亲能否同意自己放弃学业。
>
> 一天晚上，父亲像平时一样坐在藤椅上看报。蔡志忠忐忑不安地走到父亲身后，轻声说："爸，我明天要到台北去画漫画。"父亲没有抬头，边看报边问："有工作了吗？""有了！""那就去吧！"这一问一答中，父亲一动也没动，继续看他的报，蔡志忠也没走到他的面前。

或许，蔡志忠和他父亲当时都未曾想到，这短短的几句对话，却成了影响蔡志忠一生的最重要时刻。如果当初父亲一定要让他留在学校接受留级的命运，他日后还可能因为漫画而闻名全世界吗？

反观我们身边却有很多父母以"爱"的名义不断地伤害着孩子。有很多父母把孩子当成工具，来实现他们未完成，或者不可能完成的梦想。他们"重视孩子"只是表面的，实际重视的往往是他们自己：

重视孩子学习、希望孩子出人头地，往往是重视自己的虚荣；

重视孩子成长、希望孩子完成自己未圆的梦想，往往是重视自己的愿望；

重视孩子将来、认为"我是在为你好"的时候，往往是重视自己的判断；

重视孩子是不是"听话"、是不是"守规矩"，往往是重视自己的权威……

把孩子看成独立的个体，在尊重孩子的基础之上爱他，才会让孩子成为真正的自己。孩子的童年不会重来，把孩子当成自己的附庸，强迫孩子去做他不喜欢的事情，会让孩子只知道听从大人的意愿，渐渐失去自己，而这将会成为中国家庭教育最大的失败。

尊重只能靠尊重来培养。就是说，只有家长对孩子的尊重，才能培养孩子对别人的尊重。家长对孩子真正的尊重，不应只是出于"爱"的情感，更应该出于一种平等的理念。

尊重，是一种素质，也是一种美德。那么，如何来尊重孩子呢？

◎ **把孩子当作家庭中的一个平等成员。**父母要改变那种支配一切、指挥一切的错误观念。时刻牢记这一点，父母对孩子的教育会顺利得多，亲子关系也会融洽得多。

◎ **多问孩子的想法。**人与人之间是有差异的，别人家的孩子喜欢做的事情，自己的孩子未必会喜欢，因此不要强迫孩子去做这个、去学那个，关键是要符合孩子的实际情况，要孩子自己愿意做。父母可以培养孩子的兴趣，但不能强逼孩子。选择也是孩子的权利之一，父母遇到与孩子相关的事情时，要学会和孩子商量，让孩子选择自己喜欢的活动，而不是根据父母的爱好兴趣做选择。一定不要猜孩子的想法，要学会与孩子静下心来交流，了解孩子真实的想法，而不是表面附和家长和老师的想法，这个是非常重要的原则，真正了解孩子真实的想法，而不是你认为孩子的想法。许多家长经年累月和孩子处理不好关系，就是家长从来没有弄清楚过孩子真正的想法，同样孩子也不知道家长的真实想法。

◎ **学会控制自己的情感、情绪。**父母爱孩子是天经地义的，但也不能信马由缰，走向极端。面对孩子，父母要学会自我控制，保持理智，保持清醒的头脑。这句话看上去很简单，做起来非常难。当孩子学习成绩下降的时候；当孩子没有按我们的计划跟进的时候；当孩子在亲戚朋友前说出真话，而这个真话是我们不愿意别人知道的时候；当学校老师向你告状的时候……你是对孩子大骂大吵甚至打一顿，还是静下心来，了解孩子的想法和做法的原因。也许你自己勃然大怒，而孩子被吓着了，当事过境迁，你早已不当回事儿了，气消了，却给孩子留下了深深的痕迹，而你作为父母却浑然不觉。所以当我们忍不住发怒发火的时候，一定要让自己静下来，静下来，再静下来，与孩子交流。

03. 给孩子创造一个属于他自己的环境

如果我们真的尊重孩子，就应该给他们创造一个属于他自己的独立的生活环境。在这个环境中，他有自己独立做事的权力：自己吃饭，自己穿衣，自己梳头扫地，自己动手做一切事情。意大利著名儿童教育家蒙台梭利将这种生活环境称之为"儿童之家"，她说："儿童之家"里的孩子愉快、耐心、沉静细致得如同一个最出色的工人，或者是最细心的管理者。当孩子把自己的衣服挂在墙上很矮的、他伸手可及的衣钩上时，当他打开一扇门，而门的扶手恰好是他的手所能把握的尺寸时，当他拿起一把对他的手臂来说并不沉重的椅子时，孩子的脸上呈现出一种异样的兴奋与快乐。

"儿童之家"的教育理念风行欧美，主要是因为在这里孩子得到了充分的尊重，他们不仅在生理上是自由的，而且在精神上也享有充分的自由。在"儿童之家"里，孩子被当作一个人来看。所以，给孩子创造一个属于他自己的独立的环境，这对保证孩子的身心健康成长至关重要。

在这方面德国教育家老威特教育儿子的方法有些与众不同。在老威特看来，根本就没必要分什么学习时间和玩耍时间。在游戏、散步和吃饭时，老威特总是想方设法地丰富儿子小威特的知识。开始，威特平均每天学习 15 分钟的功课。在这段时间里，小威特必须专心致志地学习，并且老威特不许任何人来干扰他。在学习时，妻子和仆人如果有事来找小威特，老威特会拒绝说："现在不行，威特正在学习。"有客人来访，他会说："请稍等片刻。"给孩子属于他自己的学习时间，这是老威特独特的教育之道。这一点很值得今天的父母们学习。有的家庭装修非常豪华，但是却没有一张孩子刚好合适的写字台；有的人家装修得灯美轮美奂，却就是没有一盏护眼台灯；更别说有的家长长年累月工作忙碌，社交圈更忙碌，孩子在什么环境学习都不知道。

例如近年来流行于大中小城市的广场舞，有的声音分贝非常高，附近的孩子根本无法安静学习。作为家长，我们要么去协调广场舞台声音小些，要么给孩子买上专门的耳塞，甚至像古代孟母那样搬家。总之切实为孩子创造一个安静舒适的学习环境，是我们每一个家长应该努力做好的，也是可以想方设法做到的。

家教建议：

❤ 一个人心理健康的标准是智力正常，加上良好的性格和良好的适应能力。父母应在生活中有意识地引导孩子，凡事不要为孩子大包大揽，这样才能正确教育孩子。

❤ 不仅要给孩子以身体自由，更应该给孩子以精神自由，尊重孩子独立做事的权利，只有这样的爱才堪称全面。

我们要以更多的平常心来关爱孩子，根据每个孩子的情况来关心孩子；而不仅仅参照书本和别人的经验。

❤ 做父母的，即使是在十分生气的情况下，也要问一问自己：到底是孩子的错，还是自己的错？亦或是两方面都没有错？因为有些事情了解沟通不及时，出现了误会；都会出现彼此错误的判断，从而让彼此产生冲突。情绪失控，势必会影响彼此的相处，很容易导致家庭教育走向失败。

❤ 父母应该给孩子创造一个属于他自己的独立环境，并尊重孩子自由做事的愿望。

当孩子年龄小的时候，我们会更多地关爱温暖孩子；当孩子年龄逐渐长大后，我们要更多地像朋友一样去了解他们、欣赏他们、支持他们……只有这样，父母和孩子之间才会有更多的尊重、理解和担当。只有这样的家庭，才更加阳光、和谐和幸福。

没有教不好的孩子，只有不会教的父母

不要把孩子当成实现自己梦想的工具

不论孩子将来要干什么事业，应当从小做起。真不知道有多少父母能够认识到他们给予孩子们的所谓"教育"，只是迫使子女陷入平庸，剥夺他们创造美好事物的任何机会。

——（美国） 邓肯

一对中年夫妇诉说，他们小时候是在苦水里泡大的。

现在条件好了，我们应该给孩子吃最好的穿最好的，让孩子受最好的教育。在学习、生活上孩子要什么有什么，学习也安排得满满的，放学后或在假日里，学钢琴、美术、奥数、外语，他们一样也不想儿子落在人后。"这都是为孩子的将来着想啊，可他并不领情。"最近11岁的儿子上课老是不能集中注意力，成绩呈直线下降，还常跟家长较劲，对家长态度十分恶劣，"我们拼命工作还不是为了他，他怎么能这样对待我们呢？"

可以这样说，父母对孩子的成绩、名次方面的要求决定了孩子的幸福与苦恼。学业上的成功往往是他们快乐的源头，学业上的压力又往往成为他们烦恼的源头。然而，一个致命的难题在于，父母对学历和成绩的高期望、高要求，是绝大多数孩子绝对无法实现的。在这样的重压之下，绝望和无奈就成为很多孩子的主要情绪状态。

其实，没有一个孩子不想学习好，也没有一个孩子不想考第一名。但是，为什么绝大多数孩子与第一名无缘呢？孩子们认为是自己笨或倒霉，父母们对此困惑不解，"别人的孩子行，我的孩子为什么就不行？"

哈佛大学的教育心理学家霍华德·加德纳教授的"多元智能"理论告诉我们，每个人身上至少有8种智能，它们分别是语言智能、数理逻辑智能、音乐智能、视觉空间智能、身体运动智能、自省智能、人际交流智能和自然观察智能等。他认为，有些人热衷于写作，有些人擅长演奏动人心弦的乐曲，有些人对数字特别敏感，有些人能够创作视觉艺术作品，有些人能够轻松优雅地完成体育动作，有些人具有领导才能……

以上这些人其实都是人才，都能成为对社会有用的人。但是我们不能说上述的人谁最聪明，因为他们在不同的方面表现出各自的聪明才智。

反观现实，我们在教育中往往偏重于孩子语言能力和数理逻辑能力的发展，却忽视了儿童在其他方面发展的潜能。为什么会这样呢？因为在目前的教育教学体系中，是以语言能力和数理逻辑能力的发展为中心的。也就是说，所谓学生的考试名次，主要是考核语言能力和数理逻辑能力的结果。所以，无论是教师还是父母都重视语文、数学、英语等"主科"，而对品德、体育、音乐、劳技等"副科"不重视。

其实，这是一个天大的误会：8 个智能是平等的，凭什么前两个就可以主宰命运而另外 6 个就被打入另册？父母要看到孩子的潜能和特质是有差异的，每个人都有自己的优势和劣势。找到孩子最擅长的方面，在孩子最有特质的方面培养他，这是父母们首先要注意的问题。

04. 让孩子自己去选择特长

2005 年 10 月 23 日《中国教育报》刊登了一篇文章——《小提琴夺走了我的童年》。

大约从我小学三年级时，父亲开始了他的育才计划——英语、日语、书法、小提琴……我的童年从此开始改变。

我出生在一个小城市，那时，各种学习班还没有那么多，所有的讲授均由父亲完成。其实，有些他也不懂，只是在教育子女方面，他跟大多数父母一样，都是那么自以为是。

记得那时我每天早上 5 点就被揪起来，开始跟他读两个小时的外语，然后才是跟其他孩子一样，背起书包开始一天的学校生活。如果说外语、书法仅仅算是"加码"的话，所谓的业余爱好——小提琴，对我来说不啻于一场噩梦。之所以这样说，因为它根本就不是我的爱好，完全是父亲的爱好，和很多父母一样，他把自己的爱好与梦想强加给我，夺走了我童年的欢乐。

条件所限，那时的我甚至没有一把适合自己的儿童琴，直接用成年人的琴练，这对我的臂力以及下颌是个严峻的考验。记得那年暑假，我每天要练 8 小时的琴，开学后也是同样，挤掉了我几乎全部的课余时间。

在父亲看来，若我放学后不做点儿什么就是浪费时间。那时，父亲天天挂在嘴边的就是"不能荒废了时间"。随后是参加各种各样的演出，获得这样那样的荣誉，父亲的虚荣心得到了极大的满足，对拉琴的要求当然是变本加厉，稍有懈怠，随之而来的就是拳脚暴力。

与别的同学相反，那时的我最害怕放学和寒暑假，至少在学校里，我还可以轻松应对，但回到了家，我却要为那个不属于我的"业余爱好"付出我的汗水和眼泪。这种状况一直持续了 6 年，直到我进了高中，住了校，才暂时摆脱了家庭。

在文章中作者提到在他上大学以后，再也没有碰过小提琴，因为一看到它就会让他回忆起那段痛苦不堪的日子。他提到与父亲之间的感情淡漠，提到长久的暴力反抗对他性格的影响。在文章的最后，孩子对父母们说了一句很有意味的话：孩子不是你们的私有物，让孩子做他们自己想做的事情。

现在的孩子应该比以前时代物质条件更为优越了，因为父母为他们提供了更好的成长环境。但令很多人不解的是，现在的孩子却也和这个孩子一样并不快乐。究其原因，同出一源：孩子被父母看成自己的私物，无法做自己想做的事情。我想真诚地对千千万万的父母说一句：放开手，自己走！你们会惊喜地看到：原来，在自由的天空里孩子们能飞得那么高！那么远！

毫无疑问，孩子有自己的专长是必要的。在现代社会，一个人一点儿专长也没有，是无法立足的。可是，怎么发现孩子的潜能，怎么培养孩子的特长，却是大有学问的。

清华大学著名经济学教授魏杰曾在一次讲座中，讲述了他的成长经历：

魏杰刚上大学的时候，学习的并不是经济学，而是中文。那个时候，学习中文是包括魏杰在内很多年轻人的理想。可是大学上了刚一年，魏杰就觉得有点儿不对劲，他越学越发现自己并不适合搞创作，自己的兴趣在经济学上。这时，魏杰做出了当时令很多人惊异的决定——向学校申请改学经济。

后来，魏杰在经济学领域取得了一些成就。在谈起当初的选择时，他讲到一个很有趣的故事："北京有个很著名的地方，叫公主坟，这是北京最繁忙的交通枢纽之一，每天从这里经过的人不计其数。据说台湾作家琼瑶路过此地，对'公主坟'这个名字很好奇，后来听人说乾隆的一个公主葬在这里，因此得名。于是，琼瑶就这个线索产生灵感，创作了红遍大江南北的作品《还珠格格》。是啊，每天经过公主坟的人那么多，可是写出《还珠格格》的只有琼瑶一个人。我完全没有琼瑶那样的灵气，要是继续学中文，估计是没有出路的。"

05. 不要把孩子当作实现自己梦想的工具

现代家庭教育中，父母和孩子之间为何有那么多的冲突？为什么父子之间变得那样不好理解和沟通？原因是多方面的，其中之一，就是不少的父母往往想将自己往昔失去的东西，通过自己的孩子来补偿、实现，把孩子当成自己生命的延续，强行要求孩子按照自己的意志生活、学习。父母越不得志，对孩子的期望值就越高；父母越是壮志难酬，越希望在孩子身上得到补偿，老想把自己未曾实现的理想让孩子来实现。

的确，鉴于各种各样的复杂情况和原因，我们有不少家长失去的东西很多。例如，有的家长期望值并不高，但是就因为家庭经济原因而实现不了；有的家长本来有很高的天赋，但是社会环境突然发生变化，自己的发展受到了阻碍；有的家长有某方面的潜能，但是由于缺乏懂行的人的指点和培养，错过了发展的"关键期"，最后只能是以遗憾告终……于是，在这类家长的潜意识里，就深深地烙上了一个不容易解开的"结"，总希望自己的孩子来实现自己在青年时代没有实现的期望。家长的这种心情是可以理解的，但不一定非要让自己的孩子来实现。孩子能否实现自己的期望，还要看孩子的条件和素质。

如果孩子的兴趣、爱好与父母的期望一致当然最好。但是，如果子女的兴趣爱好和想法不符合父母的愿望，那么，作为家长该怎么办？是强迫孩子，还是应该努力给孩子创造一块自由驰骋的天地，让他们在自己所喜爱的领域里充分发挥才能？答案自然是后者。家长决不能越俎代庖，强人就己。那样，不仅不利于孩子的健康成长，还会使孩子的智慧幼芽刚一出土就遭到损伤。

作为家长，对往昔发生在自己身上的各种遗憾，还是应该理性地对待：一是不要凭一时的冲动，更不能强迫自己的孩子接受；二是即使发现孩子有可能实现自己以往没有实现的遗憾，也要选择一种比较科学合理的方法培养孩子的求知欲望和兴趣。

孩子是独立的个体，有自己独立的权利选择自己的兴趣、爱好、专业和前途。做父母的需要尊重孩子的个性，尊重孩子自己的选择。让孩子充分地发展，而不是被别人设计好的框子限制住。不然，他们也会像自己的父辈一样，在补偿父母遗憾的同时，也就留下自己的遗憾，而他们的遗憾又有谁来补偿呢？

因此，为人父母者，要多站在孩子的角度考虑一些。从精神上给孩子关爱和关心，让他们按照自己的愿望成才，而不要一味地强行让孩子按照父母设计的轨道生活。我认识一位父亲是北京大学历史系毕业生，但是他的儿子却考上了斯坦福大学的数学系。父亲的性格平和，并不一味强调自己的权威。为了陪儿子上星期六、星期日的一些辅导班，他常常一边看书稿一边等待孩子，这样节省了许多奔波的时间。孩子稍微大些，他常常让孩子自己做决定，选择补习学科。孩子中学毕业保送北京大学，孩子拒绝被保送，因为保送的专业不是孩子喜欢的专业。这位父亲支持了孩子的想法，后来孩子不仅考上了北京大学数学系，也考上了斯坦福数学系。孩子选择了斯坦福大学数学系，父亲同样支持他，父亲觉得孩子数学好，可以学习学习金融分析，以便找到收入高的工作，而纯粹数学理论收入要低得多。但是父母并没有强迫孩子的选择，孩子在大学里又主动选择了计算机和物理学，毕业后进入了一家计算机公司上班。

父亲专门讲道，在孩子获得了大学录取通知书的时候，孩子又拿出了小时候学习中断的小提琴拉了起来。

　　所以任何一位父母都会面对自己的孩子，永远与自己不在一个频道思考，那么做父母的应该去理解和支持孩子的选择，给自己、给孩子更多的自由，让孩子从容地选择。

　　有的父母的确不懂教育，但是因为不懂，放手让孩子自己去选择却成全了孩子。我认识一位生活在小村子里的母亲，她儿子却学习了中国很先进的一门学科，关于高铁的后台计算系统的学习，毕业后找到的工作和收入都相当不错。我也认识农贸市场打烧饼的父母培养了美院的高才生。这些父母的文化并不高，但懂得一个传统中国的道理，那就是儿孙自有儿孙福，放手就会让孩子有充分的自由，按自己的兴趣和爱好努力用功，自然就会遇到合适的老师、学校和专业；最重要的是孩子走出属于自己的人生之路。

家教建议：

　　事实证明，人只有在自己感兴趣的方面发展，只有做自己感兴趣、热爱的事情，才会有干劲一次次去尝试投入地做好；这样的学习更有持续性，才会有幸福快乐的感受，路才能走得更远。自由的天空里孩子们能飞得更高、更远！

　　尊重孩子的独立性，尊重孩子自己的选择。让孩子充分地发展，而不是被别人设计好的框子限制住。不然，他们也会像自己的父辈一样，在补偿父母遗憾的同时，留下自己的遗憾。

请蹲下来和孩子说话

那些在细心的抚育和亲切的教养之下成长起来的人，处于贫困而不沮丧，受到痛苦而能超脱。

——（英国）狄更斯

孩子上中学了，与父母的沟通显得尤为重要。上中学了，孩子开始感悟青春、感悟世界，同学间也就有了一种竞争的意识，孩子的内心有了更多的躁动和困惑，也有了更多的压力。他渴望有人能真正走进自己心里，了解自己的内心世界。父母不仅要做孩子的保护者，还要做孩子的知心朋友。真正用心的鼓励，是一道明媚的阳光，会让孩子的内心永远明亮和温暖。

父母能在家庭中创造一种平等民主的空气，这是孩子的幸运。在这样的家庭中，孩子会觉得父母是自己的朋友，而不是高高在上的权威。可以说孩子变化最大的时间段就在青春期时期，在这之前孩子相对来说非常听父母的话，另外在学校里也喜欢听老师的话，甚至在某个阶段老师的话比父母的话还管用！当青春期开始的时候，孩子有了相对稳定的同学关系，有了一个彼此认同、互相聊得来的群体；孩子有更多的书籍、电视网络信息的来源；孩子不知不觉有了自己对周围、对世界的一些认识，也很容易被同学中流行的东西影响，这些扑面而来的影响有的是好的，有的是不太好的，这个年龄的孩子刚好有了自己的想法和自以为的判断力，虽然难免不够全面和深刻，但是孩子会比较坚持"自己"的想法，如果家长一味强调自己认识的正确性，这个年龄段的孩子就容易和家长发生矛盾和冲突，所以平等地交流而不是用命令方式交流对孩子是至关重要的。

我们知道，只有两头高度差不多，水才有可能在中间的管道里来回流动，如果一头高，一头低，水就只能往一个方向流了。孩子与父母的交流也是相同的道理。请蹲下来和孩子说话，父母与孩子才有可能平等地交流。

美国精神病学家威廉·哥德法勃曾经这样说："教育孩子最重要的，是要把孩子当成与自己人格平等的人，给他们以无限的关爱。"无数事实也表明，父母以居高临下的姿态来关心孩子，反而会使孩子产生逆反心理。只有父母转变姿态，像对待朋友那样去关爱子女，才有可能让孩子感受到平等。

06. 说教和批评只会让孩子产生距离和怨恨

孩子经常拒绝跟父母对话，他们讨厌说教，讨厌喋喋不休，讨厌批评，他们觉得父母的话太多了。八岁的军军对妈妈说："为什么我每次问你一个小问题，你都要给我那么长的答案？"他向他的朋友感叹道："我不跟我妈妈说任何事情，如果我跟她说，我就没时间玩了。"

做父母的，应利用各种机会与孩子进行心灵上的沟通，而不是停留在表面上的长篇大论。有些父母并不了解自己的孩子，不知道孩子在想些什么，最喜欢做的事情是什么，因而常常用自己的想法来代替孩子的想法。父母只有了解了孩子内心的想法，了解了孩子的喜好，才能更好地理解孩子，才能尊重孩子。不了解孩子，一味地说教和批评只会让孩子产生距离和怨恨。

我们看下面这个轰动全国的某市学生杀母案。

事情发生在 2000 年 1 月 17 日，中午，刚吃过午饭的王龙（化名）见母亲屋里开着电视，母亲边看电视边在毛线衣上绣花。这个时间的电视上有他喜欢的节目，他想看一下然后去上学。

说来也可怜，尽管家里有电视机，可母亲把它放在自己的房里，只有星期日中午才让他看一会儿。母亲一看见儿子脚步停在电视机前，便马上把脸阴下来说："马上要大考了。你这次要考全班前 10 名。"

王龙一听到排名，心里便咯噔一下。那是因为王龙初进高中的时候，排名44，到了高一下学期，一跃升到第10名，母亲很高兴，要他以后每次考试都要在前10名。谁知越是想考好，越是考不好，到了高二上学期，王龙期中考试成绩排在了第18名，母亲回家后用皮带把徐力狠狠打了一顿，还又哭又闹，说："以后你再踢足球，就打断你的腿。"

王龙一想到这里，心里就堵得慌，于是，便低低地说："很难考的，这不太可能。"王母声调又升高了几度："那还看电视？还不去用功学习？"王龙说："我已经够用功了。"王母毫不让步地说："期末考试不考前10名的话，你自己看着办。你自己考虑，进不了前10名，以后怎么考重点大学？"

接着便是不停地讲排名，讲重点大学一类的话，王龙被母亲搞的脑袋发胀。因为她要求王龙考上北京大学、清华大学，最低也是浙江大学，而王龙觉得难度很大。他感到很委屈，也很压抑，患了感冒的他此时也不敢在家多休息，便一边说："我已经尽了我最大努力了，但同班同学都特别厉害，我怎么敢保证一定能超得过别人呢？"一边背起书包准备上学去，也免得再听母亲唠叨。

谁知母亲依然不依不饶地说个不停，王龙此时是又怕又烦，他走到门边时，突然看见鞋柜上有把木柄榔头，随着母亲的唠叨声，他心烦得血冲头脑，一下子失去了理智，他只想让母亲停止这种使他精神崩溃的唠叨，甚至永远停止，他下意识地挥起了榔头……

悲剧就这样偶然而又不可避免地发生了。

事后王龙说，当时他只是想，妈妈别唠叨了，别唠叨了……后来，他也曾想把母亲送到医院，但是又害怕母亲活过来会不要他了，于是就做起了一系列的蠢事。

在这个惨案中，孩子的残忍固然让人痛心，王母的教育方法同样值得我们反思。试想，如果案例中的王母能够换一种谈话或者是聊天的方式引导王龙学习，而不是唠唠叨叨地逼着他必须考前10名的话，如果王母细心一点，多注意孩子的情绪变化的话，或许悲剧可以避免。

而另一位母亲就很聪明，她是这样跟孩子交谈的：

有一天，女儿芸芸回家晚了，妈妈帮女儿拿下肩上的书包，陪女儿吃饭，告诉女儿这是特意为她准备的。妈妈告诉芸芸，她已在窗口看了很多次，盼着芸芸回来。

芸芸说，她陪同学买东西去了，所以回来晚了，并向妈妈道歉。

妈妈说："孩子，妈妈知道你是一个有责任心的好孩子，相信你不会惹麻烦，但妈妈牵挂你，担心遇到交通方面的问题或别的什么事情。以后，最好先打电话回来说一下。"

芸芸高兴地亲了一下妈妈："妈咪，你真好！"

这位母亲从孩子的角度出发看待孩子的过失，使孩子能感受到母亲对她人格的尊重，感受到她与母亲在地位上的平等。孩子本身就是一个独立的个体，有自己的思想，自己的人格和尊严，他们都希望父母能够给予他们尊重和平等。父母只有和子女站在同一水平线上，孩子才有可能感受到平等。

蹲下来和孩子说话，是增强孩子独立意识的有效方式。

没有哪个父母不为孩子的将来着想，可很多父母往往扮演着过来人的角色，对孩子事事进行"专政"，认为孩子应该对父母言听计从。然而，这不平等的方式却妨碍了孩子的健康成长。

有一对西方的夫妇周末要单独外出，但是要说服年幼的孩子安心在家等候是一个大难题。我们看看这个父亲是怎么做的：

他先蹲下身来，取得和孩子同样的高度（甚至有点仰视），然后，一本正经地同孩子谈判：

"先生（他称自己的孩子为先生），妈妈陪伴了你整整一周，是不是应该轻松一下？"

"是的。"孩子点点头。

"我是否也应该有这种荣幸，让她陪陪我，顺便也轻松一下呢？"

"那好吧。你什么时候还给我？"

"嗯……你上床以前，"父亲想了想说，"如果你能说服妈妈允许你晚睡的话。"

"好，你把她带走吧，但你要答应我照顾好她。"

"交给我好了。顺便说一句，宝贝儿，我为你骄傲。谢谢！"

这个孩子在与父亲的交谈中，人格得到了尊重，自尊心得到保护，他感觉到自己已经是个大人了，因此控制住自己的情绪，不让父亲失望。

孩子希望父母能和他们交流，希望父母不是以高高在上的姿态，而是以一种平等的方式进行朋友式沟通。

07.　针对孩子的感受做出正确回应

今天的孩子是在电视机和电脑前或看着智能手机长大的孩子。虽然住房的空间越来越大，但孩子与父母沟通的时间却越来越少。慢慢地，孩子向父母关闭了心灵的大门，形成了不健康的心理。

和孩子沟通要建立在尊重的基础之上，这就需要有一定的技巧：一是需要同时照顾孩子和父母的自尊；二是要先说出表示理解的话，然后再提出建议或意见。

李晓航，10岁，那天，他怒气冲天地回到家里，他的班级本来打算去野餐，但是下雨了。他的父亲决定用一种新的方法来开导他。以前他总是说一些让事情变得更糟的话："天气不好，哭是没有用的。以后会有玩的时候。又不是我让它下雨的，你为什么要冲我发火？"

但是，这一次，李晓航的父亲没有这么说，他心里想：我的儿子对错过了野餐反应很强烈，他很失望，他用怒气向我表现他的这种失望，我可以帮助他的，只要对他的感受表示理解和尊重就可以了。于是他对李晓航说："你看上去很失望。"

晓航：我当然很失望了。

父亲：你已经准备好了一切，该死的却下雨了。

晓航：是的，正是这样。

这时，出现了短暂的沉默，然后李晓航说："哦，不过，可以以后出去玩。"他的怒气看起来消失了，在下午余下的时间里，他都很合作。通常，只要李晓航生气地回家，一家人都会心烦，迟早他会激怒家中的每个成员，直到深夜他终于睡着了，家里才能重回宁静。这个方法有什么特别之处呢？它在哪些地方产生了作用？

当孩子处于强烈的情感中时，他们听不进任何人的话，不会接受任何意见或安慰，也无法接受任何建设性的批评。他们希望我们能够理解他们心里在想什么，希望我们明白在那个特别的时刻他们的心情。而且，他们希望不用完全说出自己的遭遇，我们也能够理解他们。他们的情绪只会透露一点点，我们必须猜出剩下的部分。

如果一个孩子跟我们说："老师冲我嚷嚷。"我们不必再问更多细节，也无需说："你干了什么事让老师这样对你？如果老师冲你嚷嚷，那你一定做了什么。你做了什么？"我们甚至不必说："哦，我很抱歉。"我们需要向她表明，我们理解她的痛楚、她的尴尬和气愤。

徐丽娜，9岁，一天回家吃午饭时生气地说："我不要回学校了。"

妈妈：你看上去很烦，能告诉我怎么了吗？

徐丽娜：老师把我的卷子撕了，我那么努力地答题，她居然只看了一眼就撕了。

妈妈：没有得到你的允许吗？怪不得你这么生气呢！

妈妈没有发表任何评论，也没有提出任何疑问。她知道，如果她想帮助女儿消除怒气，就必须带着理解和同情跟她说话。

11岁的马明宇从学校回来，看上去很不开心，他抱怨说："老师让我们的日子很难过。"

妈妈：你看上去很累。

马明宇：两个孩子在图书馆里吵闹，她不知道是哪两个，于是就罚我们所有的人站在大厅，几乎站了一天。

妈妈：全班同学一天不上课，就那么静静地站在大厅里？怪不得你看上去那么累了。

马明宇：但是我跟她说了，我说："老师，我相信你能找到吵闹的那两个学生，所以你不用惩罚我们所有的人。

妈妈：天哪，一个11岁的孩子来帮助老师认识到，因为少数人的行为不端而惩罚全班的人是不公平的！

马明宇：我没有帮上什么忙，不过至少她笑了，那是今天她头一次笑。

妈妈：嗯，你没有让她改变主意，不过你确实改变了她的情绪。

通过聆听、尊重儿子的感觉，承认他的想法，并且对他试图解决问题的努力表示赞赏，妈妈就这样帮助儿子平息了怒气。

我们怎样知道孩子的心情呢？我们应该看着他们，听他们说话，还可以利用自己的情感经历。我们知道孩子在人前感到羞愧时的感觉，我们要告诉孩子我们理解他们的感受。下面的任何表达都会起到作用：

"那一定让你很生气。"

"那一定非常尴尬。"

"那个时候你一定很恨老师。"

"那一定很伤你的心。"

父母怎样才能真正做到平等地和孩子说话呢？

◎ 在和孩子说话时，注意用语。有些父母与孩子说话的时候，常常使用命令的语气，像"你为什么不……"、"你赶快给我……"难免让孩子产生逆反心理。每当父母发现孩子欠缺的时候，可以给出一些委婉的建议，像"如果"、"不妨"、"试一试"、"或者"等。还要注意不能说伤害孩子感情的话。

◎ 有意识抽出相对固定的时间，大家坐在一起畅所欲言。父母可以鼓励孩子说出心里的想法，让孩子和成年人一样参与所有问题的讨论。

◎ 给孩子更多的主动权。父母可以给孩子更多的主动权，但并不是说，什么事都要孩子去面对，而是让他感受到他是一个独立的个体，他也能得到父母的尊重。这样，不但能增进父母与孩子的感情，还能增强孩子的独立意识，使孩子健康成长。

◎ 度己思人。每一个父母都曾经有过童年，也有过不被大人理解的岁月。回想自己小时候最希望得到的是什么，最喜欢做的是什么，每一个孩子都渴望更自由地玩，更投入做一件事情；一套玩具比一件新衣服更让孩子开心；一本好看的书常常让孩子一口气讲完；孩子都是天生美食家……所以只要用心去体会自己的童年，就能更好地与孩子分享、交流……

08. 要尊重孩子的隐私

尊重孩子的妈妈才能培养出懂得自尊的孩子。

一位中学生曾说，一种带锁的日记本在他们班里几乎人手一册，目的是为了防范父母翻看日记。

孩子向最亲的父母锁住自己，这一颇为残酷的现象令人深思。孩子之所以给日记上锁，是因为父母不能尊重他们的隐私；而父母则自有一番道理，实在不知道应当怎样教育自己的孩子。这其中的问题就出在如何互相了解上。父母与孩子虽然有着与生俱来的亲情，但毕竟相差几十岁，彼此之间有天然的"代沟"；跟孩子做朋友，靠真诚赢得孩子的信任是唯一的途径。

许多孩子常常向"知心姐姐""状告"父母："妈妈爸爸老偷看我的日记或私拆同学给我的信，我十分气愤，可又不知道怎么办。"

有一位上初中二年级的女学生，经常喜欢写日记。她喜欢把日记本放在抽屉里，可是最近她发现母亲动过她的笔记本，这让她感觉很生气，于是她想了一个办法，她在抽屉的最上边放了一张白纸，纸上放了五根头发丝。晚上回来后，她发现头发丝不见了，显然抽屉被人动过。第二天，她放了张纸条，上面写道："请尊重我的隐私。"结果，还是有人动她的抽屉。第三天，她在上面写道："不尊重别人隐私的人也不配得到别人的尊重！"这下可不得了，母亲不再偷看，而是当着女儿的面打开抽屉去看她的日记，并说："小毛孩子，还给我们谈什么隐私，谈隐私也谈不到你的份上。"女儿怒气冲冲地顶撞母亲："你侵犯了我的隐私权！"

在大人们看来，这都是些小事。"连孩子的生命都是我给的，何况一本日记、一封信？"可对孩子来说，大人的这些行为，都是对他们的不信任、不尊重，伤害了他们的自尊心。

其实，在大多数孩子的日记里，很少有什么"不可告人"的事，更多的是孩子的一些思考和一些心里话。当父母的，要允许孩子有自己的秘密。

孩子是个人，有感情，有自己的行为方式，有自己的独立人格，也有隐私权。现在很多家庭把孩子当成宠物来看待，就是不懂得尊重孩子。

孩子是未成年人，正是因为没有长大，他们就坐不住。一年级的孩子能够集中精力的时间也不过 10－20 分钟，过一会儿就要动一动，这是年龄特点决定的。孩子有时爱说大话，大人却以为他在说谎。其实，这是孩子为了让别人注意自己，故意夸大事实罢了。同时，孩子是一个独立的人，不论年龄大小，大人们不能把他的一切都代替了。孩子要独立思考，要独立参与；他要有自己的秘密，也要有自己的隐私权。法律也在保护他们的各项权益，你侵犯了他们的权益，便触犯了法律。

要让孩子尊重你，你便应当先尊重孩子。有的妈妈希望孩子进入大人卧室时，要先敲敲门；那么，你进孩子的房间（如果孩子有单独的卧室）时，有没有敲门？

有的妈妈总怪孩子乱翻自己的东西，你想过没有，自己是否也常常翻动孩子的东西？

有的妈妈总责怪孩子不愿意听大人讲话，可你是否自省过，你认真倾听过孩子说话吗？

人类最不能伤害的就是自尊。在家庭中建立亲情乐园，要从尊重孩子开始，尊重孩子的隐私开始。

不仅是父母尊重孩子的隐私，孩子也应该尊重父母的隐私，因为在人的成长中，不管什么年龄，每一个人都需要自己独自去体会人生的滋味，学会经历痛苦、失败，对自我进行修复，我们每个人都有自己的情绪、想法，不想被任何人知道的潜意识；我们只有充分地尊重自己，就能更充分地尊重孩子，形成彼此尊重与理解，父母和孩子彼此成为对方的阳光雨露！

家教建议：

❤ 只有平等，才能使孩子敞开心扉，与父母坦诚相待；只有平等，才能让孩子健康地成长。

❤ 作为家长，应该改掉以前的旧观念，用平等的态度对待孩子。对待孩子应该以尊重为前提，尊重无价。

孩子渴求倾听，渴望被理解

教育必须从心理学上探索儿童的能量、兴趣和习惯开始。

——（美国）杜威

　　"我想要走进你的世界，可是你却紧闭心门；我想让你进入我的世界，你却总是在门外徘徊。"这是一位无法与孩子进行沟通的母亲所发出的无奈的呼喊。其实，与青春期的孩子存在沟通障碍，已经成为困扰广大家长的难题。

　　青春期是人的第二个叛逆期。这个时期的孩子是十分敏感的，他们渴望成熟，但是又不愿意向长辈倾诉自己的想法。处于这个年龄阶段的孩子，就像羽翼未丰却渴望飞翔的小鸟，如果缺乏家长的正确引导，将影响到他们的一生。

　　处于青春期的孩子并不像他们所表现得那样孤僻、不愿与人亲近，他们的内心十分渴望父母的理解，渴望能与父母交流。因此，这个时候，家长要能够细心地观察孩子出现的变化，并且能与孩子多进行良好交流，及时了解孩子的心理动态，成为他可以信赖的知心朋友，就可以对孩子的心理做出正确的引导。

09. 多给孩子倾诉的机会

　　聪明的妈妈与其做一个高明的说者，不如做一个高明的听者。

孩子放学回家时，看到妈妈正在厨房做饭。他兴高采烈地对妈妈说："妈妈，告诉你一件事情……"

孩子的话还没说完，妈妈就喝道："作业做完了吗？"

显然，刚进门的孩子肯定还没来得及做完作业。于是，妈妈就呵斥："还不快去做作业，有什么话等做完作业再说！"

沮丧的孩子只得灰溜溜地回房间去做作业。

当一个人受到委屈或者某种欲望得不到满足时，心中的怨气和不满会越积越多，一旦爆发，后果不堪设想。请来看看下面这位妈妈是如何做的。

快30岁时，我生下了我的儿子。儿子出生时，我从外地调回北京，跨入了我从小向往的一家报社的大门。我非常珍惜这次工作的机会。

为了全身心地工作，我把不到两岁的儿子送进幼儿园全托，每周只接一次。孩子从幼儿园回来，总是对我说："妈妈，咱们谈谈话。"有一次，竟然哭着向我请求："妈妈，我知道你很忙，没时间陪我在家，可你能不能把我转到每天都能回家的幼儿园？"

孩子的请求虽不过分，但我和丈夫常常出差，没有时间照顾他，所以没能满足孩子的请求。

周末，每次孩子回家，总是饶有兴致地给我讲幼儿园里发生的事，不管我爱听不爱听。儿子需要的是一个忠实的听众，而妈妈是最合适的人选。

遗憾的是，每次孩子和我讲话，我总是做出很忙碌的样子，眼睛左顾右盼，心不在焉，完全不像一个倾听者的样子。

没想到，我的"忙碌"给孩子的语言表达带来了障碍。由于他是个思维能力很强的孩子，为了在有限的时间里把话说完，他就讲得很快，慢慢地变得讲起话来有点结巴了。

这引起了我的注意，是我的"疏忽"才导致了这样的结果。于是，我开始注意改变自己，尽量抽出空来，倾听他讲话。让人意想不到的是，儿子竟成了我学习儿童语言的老师。是他把我领入了奇妙的儿童世界，使我后来对儿童教育工作达到入迷的程度，也使我学会怎样用心去读"孩子这本书"。

家长们由于工作忙、家务多，经常会不理解孩子的心声，常常对孩子的述说表现出不耐烦的态度。孩子也会有不顺心的事，也有感到委屈的时候。如果家长能仔细聆听孩子的倾诉，并能正确地疏导，让孩子认识自己的不足，明白自己应该怎样去做。这种做法对加速孩子的成熟是非常有帮助的。

做父母的，要用爱的耳朵去倾听，从而理解孩子的心声。所以，家长最好每天拿出点时间来，耐心地倾听孩子的心里话。

有时候，父母最怕的就是孩子哭。有些父母见到孩子哭泣就心疼得不得了，赶紧哄劝、安慰孩子，甚至为了不让孩子哭而满足他一些无理的要求。如果孩子一哭就去百般哄劝，会让孩子误以为可以用哭闹"骗取"父母的妥协。

另一种情况是，父母往往用简单的一句"别哭了"、"哭什么哭"来强行制止孩子哭泣，这不仅起不到教育孩子的效果，而且会让孩子更加委屈和难过。他的心里本来就有不满，父母还不问缘由地训斥他，不是让他更难过、更委屈吗？

其实，只要给孩子倾诉的机会，就能化解他的委屈，使他不再坚持满足原来的某些无理要求。因此，父母应该出于对孩子的赏识，给孩子一些宽容和理解，心平气和地听孩子慢慢诉说，弄清楚孩子哭泣的原因，然后再对症下药，有的放矢地教育孩子，并在教育的过程中给孩子适当的赏识和信任。

一个孩子有段时间上学总迟到，老师为此找孩子的母亲谈话。母亲知道后，并没有打骂孩子，而是在临睡觉前，问儿子："告诉我，为什么你那么早出去，上学却总迟到？"

孩子先是愣了愣，见母亲没有责怪的意思，就说："我在河边看日出，太美了！看着看着，就忘了时间。"

母亲听后笑了。第二天一早，母亲跟儿子一起去河边看日出。面对眼前的景色，她感慨万分："真是太美了，儿子，你真棒！"

这一天，儿子没有迟到。放学回家，儿子发现书桌上放着一块精致的电子表，下面压着一张纸条："因为日出太美了，所以我们更要珍惜时间和学习的机会，你说是吗？爱你的妈妈！"从此，这个孩子再也没有迟到过。

试想，如果这位母亲听了老师的话后，不问青红皂白地将孩子打骂一顿，结果会是怎样呢？孩子那颗热爱生活，善于发现美、欣赏美的纯洁心灵可能就从此消失了。每天都留给孩子一些时间，让他们倾诉，而这时，父母要做一个安静的倾听者。

10. 多倾听青春期孩子的心里话

青春期的孩子无论在身体还是心理上，都会产生极大的变化。平时爱说话的孩子突然就变得沉默不言，不愿意对家长敞露他们的心声，有的孩子还会变得孤僻。这是孩子从不成熟走向成熟的心理过程，在心理学上称之为"青春期锁闭心理"。这种心理如果任其发展下去，不但会使孩子的学习成绩很快地下降，更严重的是容易造成孩子心理缺陷。心理发展的闭锁性使青少年容易感到孤独，因此又产生了希望被人理解的强烈愿望。

作为父母，一定要正视孩子的这种行为，理解孩子，不能唠叨起来没完没了，而是少说多听，放下长辈的架子，蹲下身，心平气和地听听孩子的心里话。

孩子和父母之间基本上不存在沟通障碍，他们都能够进行愉快的交流。那么，究竟有什么沟通的秘诀呢？让我们来看看清华高考状元赵鹏飞的话：

上初二后，随着我个子长高的变化，我的心理也发生了很大的变化，情绪也变得极不稳定，特别不愿意与父母说话，有好几次当他们问我话时，我都想捂住耳朵逃开。

那一段时间，爸爸一直想跟我好好聊聊，但每次坐下来，基本上都是他讲，我听，对他的话，我基本上是这个耳朵进，那个耳朵出。等他一说完话，我就逃也似地钻进房间去了。虽然每次爸爸说得口干舌燥，我依然不愿意表露自己的想法，有时我也想跟爸爸说说话，但是张口时又不知道说什么。

有一次，我打开电脑（我每天都要花一个小时来收发邮件和看新闻）时，居然看到爸爸给我发来的一封电子邮件，在看到邮件时，我又惊又喜，没想到爸爸居然会给我写信，在信中，他的语言活泼调侃，就像好久不见的朋友那样……我没有想到平时看似古板的老爸也会用E-mail来交流，原来老爸挺"酷"的。看着爸的来信，我有一种想倾吐的感觉，于是，立刻给爸爸回了信，用的同样是调侃的语气，还回答了他信中提出的各种问题。信发出后，第二天爸爸回信说我的观点他不太赞成，接着罗列了他的新观点，就这样，我们父子俩用电子邮件开始沟通。

有时，我和爸爸经常就某一观点展开讨论，讨论得十分热烈，有一次，爸爸写给我的信足足有五千字，我也不甘落后，回信回了五千二百字。这种亦父亦友的交流方式，使我们更加贴近，在平时的生活中，由于信上写不清，我干脆在饭桌或是客厅里找到他，与他耐心地分析问题，渐渐地我发现，和爸爸交流真的很愉快。有时，我会把学习中遇到的一些问题讲给老爸听，让他帮我出出主意。我发现，在爸爸的帮助下，我的成绩进步不少呢。

青春期是对孩子的人生产生重大影响的时期，是一个人的世界观、人生观的形成期。因此在平时的交流中，父母要十分注意给孩子灌输正确的观念，有时候孩子的心思难免偏激，这就要家长能够及时而巧妙地进行引导。

赵鹏飞考入清华后，他的父母也没有放松和他的交流，基本上坚持每周一次或多次的联系，了解其思想、情感和生活、学习情况。在他进大学不到两年的时间内，他与爸妈互发邮件两百多封。现抄录两段如下：

鹏飞：

进入大学已经一个月，相信你已经逐渐熟悉大学的生活。与紧张的高中生活不同，大学的学习，主要侧重的是人的自主学习。你一向是一个主动性非常强的孩子，我相信在大学中你能够如鱼得水。大学是一个丰富的课堂，你不仅能够学习到专业的知识，还能够接触到很多不同的文化，是个锻炼人的好地方。希望你能够在学校得到全方位的锻炼！

爸爸：

来到大学，一切都是新鲜的。虽然离开了高中紧张的环境，但是看到周围高手林立，我一刻也轻松不起来。不能放松！这是我经常对自己说的话。看着周围优秀的同学，我感觉到了竞争的压力，但同时我也因为挑战而感到兴奋。

我参加了年级学生会主席的竞争，希望能够为同学服务，同时也是希望自己的能力能够提高。我发现，在大学里，如果没有一个明确的目标的话，就很容易迷失自己，变得茫然。因此，我确立了自己的目标，那就是好好努力，继续考研！

现在很多家长都知道与孩子交流与沟通的重要性，但是却苦于无法进入孩子的内心世界。赵鹏飞的父亲很聪明，他能够在交流的方式上创新，采取使用电子邮件这种新颖的交流方式，与孩子进行沟通，一下子拉近了孩子与家长的距离，使孩子能够用轻松的心态来与父亲交流，从而达到愉快沟通的目的。

家教建议：

要经常倾听孩子的心声，每天都要和孩子做有益的交谈。你可以说："孩子，说说今天学校里的事情吧！"

家长在与处在青春期的孩子交流时，一定要注意技巧，把心态摆正，不能以一种居高临下的心态来教育孩子，应该站在孩子的立场上，蹲下身来，与孩子平等交流对话，多听听孩子的心里话。

多发现孩子的长处，不说别人的闲话

所有的人，包括作家在内，都是教育自己并受到环境的教育，战胜自己身上他们认为是卑鄙的那些感情或感情的萌芽。

——（苏联） 爱伦堡

当面拿自家孩子的缺点和别家孩子的优点比较，以为给孩子树立好榜样，其实只能越比越让孩子泄气，甚至连原有的一点兴趣也比没了。类似的话听多了，耳朵也起"茧"了，反而会充耳不闻，一副满不在乎的样子，或产生抵触情绪，不但不能激发孩子的上进心，而且还容易起反作用，"反正我不如他，干脆破罐子摔碎算了。"

每个孩子都有自己的长处和短处，有与众不同的个性特点，而家长盲目地、笼统地攀比，实际上是对自己的孩子缺乏信心的表现，也没从儿童心理学或教育学角度认真研究为什么自己的孩子不如别人，只是一味地羡慕别家孩子，斥责自家孩子，只能导致孩子对学习越来越消极，越来越没信心。

11. 多发现孩子的长处

有一位家长这样说道：

第一次参加家长会，幼儿园的老师说："你的儿子有多动症，在板凳上连三分钟都坐不了，你最好带他去医院看一看。"回家的路上，儿子问妈妈，老师都说了些什么，她鼻子一酸，差点流下泪来。因为全班 30 位小朋友，只有她的儿子表现最差；唯有对他，老师表现出不屑。然而她还是告诉她的儿子："老师表扬你了，说宝宝原来在板凳上坐不了一分钟，现在能坐三分钟了。其他的妈妈都非常羡慕你的妈妈，因为全班只有宝宝进步了。"那天晚上，她儿子破天荒吃了两碗米饭，并且没让她喂。

　　儿子上小学了。家长会上，老师说："全班 50 名同学，这次数学考试，你儿子排在第 40 名，我们怀疑他智力上有些障碍，你最好能带他去医院查一查。"走出教室，她流下了泪。然而，当她回到家里，却对坐在桌前的儿子说："老师对你充满了信心。他说了，你并不是个笨孩子，只要能细心些，会超过你的同桌，这次你的同桌排在第 21 名。"说这话时，她发现，儿子黯淡的眼神一下子充满了光亮，沮丧的脸也一下子舒展开来。她甚至发现，从这以后，儿子温顺得让她吃惊，好像长大了许多。第二天上学时，去得比平时都要早。

　　孩子上了初中，又一次家长会。她坐在儿子的座位上，等着老师点她儿子的名字，因为每次家长会，她儿子的名字总是在差生的行列中被点到。然而，这次却出乎她的预料，直到家长会结束，都没听到他儿子的名字。她有些不习惯，临别去问老师，老师告诉她："按你儿子现在的成绩，考重点高中有点危险。"听了这话，她惊喜地走出校门，此时，她发现儿子在等她。走在路上，她扶着儿子的肩膀，心里有一种说不出的甜蜜，她告诉儿子："班主任对你非常满意，他说了，只要你努力，很有希望考上重点高中。"

　　高中毕业了。第一批大学录取通知书下达时，学校打电话让她儿子到学校去一趟。她有一种预感，她儿子被第一批重点大学录取了，因为在报考时，她对儿子说过，相信他能考取重点大学。儿子从学校回来，把一封印有清华大学招生办公室的特快专递交到她的手里，突然，就转身跑到自己的房间里大哭起来，儿子边哭边说："妈妈，我知道我不是个聪明的孩子，可是，这个世界上只有你能欣赏我……"

　　听了这话，妈妈悲喜交加，再也按捺不住十几年来凝聚在心中的泪水，任它流下，打在手中的信封上……

你不是最聪明的，但在母亲眼里，你是最棒的。这个世界上，只有自己的母亲才最欣赏自己的孩子。

12.　不要总是拿孩子与别的孩子比较

许多父母喜欢将自己的孩子与他的朋友作比较，他们总是以充满赞叹的口吻对自己的孩子说你看看某某某多聪明，赞扬别人家的孩子，贬低自己的孩子，这是许多父母常犯的一个错误。

其实，每个人都是靠优点活着的，是靠你的长处成功的，而不是靠你的短处成功的。

所以做父母的，不要盲目跟风，人家孩子学这个，我就让自己孩子学这个；人家孩子考哈佛，我就希望自己孩子也考哈佛；人家孩子上北大，我就期望自己孩子上也清华。你一定要找到适合自己孩子的道路，只有按照他的天性去培养他，只有孩子按照他自己的规律去成长的时候，他才可能获得幸福、获得成功。

孩子需要大人赏识。中国伟大的教育家陶行知先生，早在半个世纪之前就深刻指出：**教育孩子的全部秘密在于相信孩子和解放孩子。**

学习别人的优点固然重要，培养孩子的个性更重要。相信孩子，解放孩子，要赏识孩子。没有赏识就没有教育。然而，在我们的生活中，有多少妈妈真心地赏识过自己的孩子？

一次，"知心姐姐"卢勤应邀去中央电视台谈"怎样教育淘气的孩子"，一个看上去挺"蔫"、好像并不淘气的男孩坐在那儿。

卢勤担心，原定的话题讨论不起来了。谁想到，一开拍，这个挺"蔫"的男孩子冲着镜头说了一句特别精彩的话："每次我爸说我的时候，都要说：瞧人家孩子怎么怎么好，瞧你怎么怎么差；瞧人家孩子多聪明，瞧你多笨……我心里很不服气，我老想，你要觉得人家孩子好，你就给人家孩子当爸爸算了，干吗给我当爸爸！"

卢勤回头看了一下他爸爸，他爸爸的眼睛瞪得跟豆包一样，嘴咧得老大，一句话也说不出来。

等电视节目拍完后，这孩子的爸爸流着泪来找卢勤："我是一个司机，就这么一个儿子。我对他那么好，挣钱全是为了他，他凭什么这么冤枉我？"

卢勤对他说："您爱您的孩子，可是您的孩子不知道。您没有表现出对他的爱和赏识，您赏识的只是别人家的孩子。所以，您的孩子认为您不爱他。"

有这种烦恼的孩子和家长，为数并不少。

因为，现在许多家长教育孩子的心理有些错位，不是用赏识的目光去看待孩子的优点，而是用挑剔的眼光找孩子的毛病。**最可怕的是用别人家孩子的长处，去比较自己孩子的短处，越比较越觉得自己的孩子不如别人家的孩子。**

其实，你的孩子就是你的孩子，没必要总去和别人家的孩子比，只要你的孩子今天比昨天有进步，你就应该祝贺他，这就是母亲对自己孩子的赏识。

盲目比较，会产生许多不良后果，使你的孩子失去自信。孩子会错误地认为，他的"灾难"是他的伙伴带来的，他不但不会产生向伙伴学习的愿望，反而结下冤仇，在今后的生活中，他将拒绝向别人学习。

北京城区某小学三年级的小刚（化名）和露露（化名）是同班、邻居的一对好朋友，小刚活泼好动，露露文静乖巧。学习成绩上常常是小刚倒数，而露露总在前三名之列。

每次小刚在家犯了一点小错，妈妈都会抓住"身边的榜样"狠狠把他教训一番，拿自己儿子的短处比别人的长处，"你看隔壁的露露多争气呀，人家这也行那也行"。

时间一长，小刚对露露恨之入骨，一次放学后，小刚拦住露露恶狠狠地说："都是你坏，小心我长大了用刀劈了你。"

在小刚看来，老师、家长批评他，都是因为露露表现太好了，所以他想除掉"眼中钉"。直到露露家长上门投诉，小刚的妈妈才大惊失色，急忙带上孩子一起去看心理医生。

不要说未成年的小孩子，就是我们大人，谁都愿意和赏识自己的领导、同事一道工作，谁也不愿意和整天横挑鼻子竖挑眼，对这不满意看那不顺眼的人一起共事。

孩子与成年人不同。成年人在这个单位不被赏识，干得不顺心，可以调换到另一个单位去工作，而孩子不被父母所赏识，就没地方去了。所以说，多发现孩子的长处——应当是每个家长的座右铭。

"哪怕天下所有人都看不起我们的孩子，做父母的都应该眼含热泪地欣赏他、拥抱他、称颂他、赞美他，为他们感到自豪，这才是每个孩子的成才之本。"这是一位聋童父亲在为改变女儿命运的坎坷途中发现的一个奥秘。

做父母的，没有任何理由对孩子说泄气话，因为孩子成长的道路犹如赛场，他们多么渴望父母善于发现自己身上的闪光点，为自己呐喊加油，哪怕一千次跌倒，也要坚信他们一千零一次能站起来，去争取人生的辉煌。

13. 少说甚至不说别人的闲话

我们有些年轻妈妈不太注意这点，常常在背后说别人的闲话，天长地久，孩子就容易学会说闲话。爱传闲话的孩子，朋友最少。在这里，尤其要告诫女孩子们，千万注意不要在背后议论人。

人与人之间相处有很多种方式，有的人喜欢注意别人的言行举止，并发表自己的看法。有的人喜欢关注自我成长，而浑然忘却周围，最好的做法，是既关注自身的成长又能帮助别人，而不是把注意力关注别人的是非。

现在的孩子由于大多是独生子女，不懂得帮助别人、关心别人的孩子不在少数。我们可以教育他从学习上多帮助同学，一来培养助人为乐的优秀品质，二来孩子在帮助对方的同时，也巩固了自己所学的知识。这样一来，说闲话的工夫没有了，人多做正经事，就会忘记时间的存在。

有一个孩子的班主任总是安排差生和他同桌，母亲便趁机教育他要从学习上多花时间帮助同桌，并教给他具体帮助同桌的方法。经过他一学期的帮助和努力，同桌的成绩大有上升趋势，老师大大表扬了他一番。而孩子自己呢，成绩丝毫未降，知识掌握得更牢固了。

当然，孩子毕竟还小，在孩子与差生交往时，不要忘了教给他正确的人生观、是非观，教会他怎么做人，怎么辨别是非，教育他要学别人的长处，而不要学别人的短处；教他要引导同学往好的方面学；教他学会往好处看别人，多看别人的优点。

家教建议：

🌸 孩子需要大人的爱和注意，特别是来自父母的，所以常常口头上嘉许孩子读书的行为，或亲亲他、拍拍他、搂搂他，能点点滴滴地表示父母对他的感情和鼓励，从而建立他的自信。

🌸 每个孩子的性格和特点都是不同的。许多父母喜欢把自己的孩子跟别的孩子进行比较，而且总拿自家孩子的短处跟别的孩子的长处相比。这样做实际上是忽视了孩子之间的差异。父母应当接受并承认孩子之间的差异，帮助孩子学会取长补短。

🌸 现在是开放性、多元化的社会，学会做人，学会辨别是非，学会辩证思考，才能增强"免疫"功能，才会成熟，才会健康成长。

因为在帮助同学的时候，他必须搞懂知识点，灵活应用才能教会同学，所以帮助同学的同时，大大提高了自己对学科掌握程度。

分享：

1. 还有什么父母与孩子之间的通信传播范围超过《傅雷家书》吗？显然没有了。《傅雷家书》是我国著名的翻译家傅雷先生及夫人和著名钢琴演奏家傅聪、当中学老师的傅敏之间的通信。傅雷其实在日常生活中和傅聪、傅敏兄弟俩相处的时候，他是一个非常容易发怒的人，也信奉棍棒之下出孝子的传统教育理念，但是当傅聪出外比赛、留学甚至居住国外，他写给傅聪的家书里，两个人却因为文字的媒介互相更能倾听彼此内心的看法，当他们一天天长大了，彼此更加欣赏尊重对方的看法和认识，在家书中，傅雷更能体现一个传统中国知识分子的温、良、恭、俭、让的传统美德与修养，日常生活中的情绪化被消解。所以，我们建议作为今天的父母和孩子，当孩子不在身边的时候，尽量多用书信或电子书信作为沟通的主要方式，而不是用及时通信工具，比如电话、微信这些反而用于表达理解片面化，容易激怒彼此，互相不服气对方。平和、有效地交流是非常重要的，静下心来写信也是一件父母与孩子之间古老而崭新的交流方式。

2. 当你试图翻开孩子日记本的时候，何不找出同样的时间与孩子交流？你真正知道孩子最喜欢吃什么东西？孩子喜欢看什么杂志、电视、网络视频节目？孩子是更想得到一件新玩具还是一件衣服？……如果你不确定，请你认真用心观察并与他交流。

3. 我们彼此了解愈深，才能互相懂得和理解，才能有更多的关怀与温暖支持对方的成长，不仅仅是盲目而泛滥的爱，而是理智与有方法地爱和教育，这样孩子和我们彼此陪伴，彼此成长，彼此真诚尊重的关系才能弥久常新。

成长比分数更重要

　　我们不能用一把尺子衡量人，不能用分数、名次要求所有的孩子。你只有用多把尺子衡量人，你的孩子才有成功的希望，才会树立起他的信心。我们要发现孩子成材的奥秘，不要指望自己的孩子成为全才。成长是一个只管耕耘，不求收获的过程，相信：金诚所致，金石为开。

分数并不等于能力

一个人就好比是一个分数，他的实际才能好比分子，而他对自己的估计好比分母，分母愈大则分数值愈小。　——（俄国）列夫·托尔斯泰

我们教育的根本目的是什么呢？是让孩子考大学、考研究生、出国留学等等，这个问题每个父母都有自己的答案。这些答案都没有错，但这个不是教育的根本目的。教育的根本目的是要培养全面发展的人才，是要使人幸福，让人们在实现自身价值的过程中感受到快乐。现在我们看到很多孩子在考上大学或实现了一个小阶段的奋斗目标之后，总有一段时间的心理迷茫期，有些本来学习成绩优秀的学生踏上社会之后变得碌碌无为，是什么原因呢？主要是父母没有给孩子树立一个可以长期奋斗的远大目标，他只知道学习，但学习过后该干什么他不清楚。这是当代家庭教育的一大误区。

美国波士顿大学青少年教育专家发表了一份调查报告，专论优秀学生的特点。这位专家用一年的时间考察了伊利诺斯州81名优秀学生和他们的家长，在他们身上找到了四个共同点：

第一，有良好的学习毅力。优秀学生毫无例外地把学校当作生活中心，其家长也十分勤奋，为孩子树立了好榜样。

第二，把学习看作人生的乐趣。在教育孩子时，父母总是尽最大的努力设计出新颖、有趣、多变的方法来激发孩子的想象力。

第三，不过分看重分数。孩子们对知识发自内心的追求会被对分数的追求所取代。教育专家提醒父母们：不要老问做得怎么样，而应多问做了

什么。

第四，对某些事物有较大的兴趣和热情。兴趣称得上是最好的启蒙老师，因而在孩子很小时就应该有意识地鼓励孩子广泛参加各种课外活动，这有助于他们发现自己的兴趣所在。

14. 以人为本，不要以分为本

关于分数有两个非常了不起的人物，可以给家长与孩子启发。

钱钟书今天已经成为家喻户晓的文学大家，但是他考进清华学堂的时候，数学是零分，当然语文和英文几乎是满分。另外同样是清华学堂上学的钱三强，在清华学堂之前从未学习过物理、化学，他是在进入清华以后才开始学习这些理工科知识的。因为当时科学技术落后的中国状况，激发了许多热血青年的家国情怀、爱国斗志，鲁迅先生弃医学文，而钱三强面对日本侵略，像许多学生一样改学理工科，认为科技才能救国。钱三强的父亲钱玄同是一位语言方面的专家，也是作家，还是鲁迅先生的朋友，按今天的说法是文科。钱三强从小学的都是中国古典文化，但是在清华园，他才开始接触并学习数理化这些学科，但是他凭借勤奋刻苦不服输的学习精神，最后以优秀的成绩毕业，后来成为中国两弹元勋，为中国国防事业做出了巨大贡献。钱钟书以文科生去英国留学，钱三强以理科生去美国留学，两个人都成了中国杰出的人才，成就不分伯仲。所以不管什么学科，不管什么分数，只要努力勤奋于自己的理想、天赋，早晚都会做出成成绩来。

清华校长梅贻琦教授提倡，通才教育的观念就在于此。因为只有通过教育才能有更广泛的、坚定的选择。

有一类家长，总是把孩子的分数、名次、可否升重点学校等问题看得很重，并且整天被这类问题弄得神经兮兮，使孩子生活得很不快乐。我们来看看一个初中一年级孩子写给妈妈的一封"知心家信"：

那天，我从老师手里接过英语试卷，糟了！ 59分，我垂头丧气地回到家中，胆怯地靠在门旁边，眼睛盯着脚尖："妈妈，我只得了

59 分。"

"啪！"一记耳光落在我的脸上，妈妈的眼睛瞪得像铜铃，额上的皱纹形成了一个倒立的"八"字，左手叉腰，右手抓起苍蝇拍，照我的屁股上就是一下，嘴里说着："你这个不争气的东西，我辛辛苦苦送你上学，你不好好读书，才考了个 59 分，我看你疯了……"一碗不知什么滋味的饭是和着泪水咽下去的。

"不争气的，还不去洗碗！"

"不争气的，还不去扫地！"

……

今天，我从老师手里接过数学考卷，啊！ 100 分！我哼着小曲像小燕子似地"飞"进家门，"妈妈，你看 100 分！"

"叭！"一个响亮的吻印在我的脸上。妈妈那大大的眼睛眯成一条缝，额上的皱纹变得温柔了，双手紧抱着我，嘴巴笑得合不拢："哈哈哈……我的女儿真好，真乖。"

午饭是小鸡炖蘑菇，鱼汤……

"别，碗不要洗了，油星子会溅到你衣服上……"

"别，地不要扫了，灰尘会迷了你的眼……"

我想多问一句："妈妈您到底爱什么？是我？还是我的分数？"

孩子对母亲的描述多么形象生动，孩子对母亲的反问多么一针见血！

是啊，我们所有的父母都该认真想一想，您到底爱什么？是孩子，还是分数？

很多孩子考试爱紧张，为什么？因为怕考砸回去挨父母打骂！一个孩子没考好，老师让他把卷子拿回家请家长签字。第二天，老师问这名学生，你的家长有什么反应呀？孩子沮丧地说："昨天晚上我挨了一顿'男女混合双打'，过去是'单打'，现在是'该出手时就出手'！"

有些父母有意无意地会对孩子说：

"简直就是榆木疙瘩脑袋！"

"我算是白养你了！"

"你怎么一点儿不像我呀！我以前读书从没有像你这么差！"

"将来连扫大街的工作都找不着！"

父母要知道，这些说法已经在无形中对孩子进行了"心罚"。

什么是"心罚"呢？心罚是指父母对孩子恐吓、讽刺或挖苦，剥夺孩子的自尊和自信。

许多孩子害怕考试，可"知心姐姐"卢勤的同事杨金玲，她的女儿贺洋溢却偏偏不怕考试。一次，卢勤把贺洋溢和她爸爸贺先生请到中国教育电视台"知心家庭"演播室，问她其中的奥妙。贺洋溢说："我觉得考试只是一种测验，通过测验可以向大家展示自己的能力，所以我不怕考试。"

贺先生说："我不是简单地要求女儿考一个好成绩，我主要教她解题的思路，这样她就能举一反三。"

主持人问他："贺先生，从家长的角度来说，帮孩子在考试中放松，您有什么好的经验呢？"

贺先生说："第一是不给孩子施加压力，而是营造一个轻松的学习氛围。越是在成绩不好的时候，孩子越需要鼓劲。批评或者打骂容易对孩子造成心理负担。鼓励的话应该讲究方式，不能为鼓励而鼓励。另外，在孩子学习的过程中，让他扩展知识面，知识丰富了，学习自然就轻松。这些虽然与考试没有直接的关系，但对学习却有辅助作用。"

15. 过于看重分数的恶果

不满 10 岁的青海男孩夏明（化名），聪明好学，学习成绩优异，一直是学校的三好学生，是一个老师和同学都喜欢的好孩子。但是，他的母亲仍因他考试分数没有达到自己的要求而经常打骂他。夏明最后竟被自己的亲生母亲活活打死。这个悲剧令人震惊。一个聪明可爱的孩子，竟成了分数至上的牺牲品。

夏明之死曾在全国范围内敲了一次警钟。几周后，夏明之母也自缢身亡，其遗言是："光用分数来要求孩子，是简单愚蠢的……"

这次事件引发了一场全国性的大讨论，但讨论过后，没见情况有丝毫的改变。为分数而打死孩子的事情每年都发生着，且又有了孩子因不堪分数的重负和父母的重压而杀死父母的事。有两个大学教授，是夫妇俩，就是这类悲剧的牺牲品。他们的儿子没考上公费生，只好上自费。于是父亲逼着儿子订了一份"契约"：若考试有一门不及格，则父亲不再供应儿子下一年的学费。签约时，父亲厉声道："如果考不好，就不要你这个儿子了！"儿子考得不错，但英语作弊，被判为 0 分。于是，儿子用绳子先后将母亲和父亲勒死在厨房和卧室内。

这是极端的例子，是由于家长因不能正确对待分数而付出生命代价的例子。因为不能正确对待分数而导致孩子精神失常，导致孩子自暴自弃，导致孩子与家长感情破裂的例子，在中国这块土地上何止万千啊！

一般来说，分数能反映孩子的一些学习情况，家长关心孩子的分数是应该的。但是，有的家长望子成龙用心良苦，把学习成绩看得太重，逼着孩子去争高分，殊不知会给孩子带来许多不良的后果。

首先，过于看重分数，会导致孩子惧怕考试。有的孩子平时学习成绩很好，但一临近考试就心理紧张，担心考不好。越害怕就越容易出错，也就越考不好。而家长并没有注意到这一点，一味地在考前给孩子施加压力，造成孩子心理上的恶性循环，从而影响了孩子的健康成长。

把分数看得至高无上的父母，对孩子的成绩总是要求好了还要更好，希望都是满分，事实上这是很难做到的。别说孩子做不到，家长自己也做不到。

其次，过于看重分数，损伤了孩子的自尊心。小学里的孩子，都是天真纯洁的，都有积极向上的愿望。即使学习差的孩子，他内心深处也有考第一的愿望。有时，孩子偶尔得低分，家长不问青红皂白，轻则辱骂一番，重则毒打一顿，会使孩子感到委屈，自尊心受到伤害。长此下去，很容易使孩子自暴自弃，造成孩子对学习的反感。

第三，过于看重分数，容易造成孩子与家长的对立。小学生的认识很直观，没有完全具备透过现象看本质的本领。特别是低年级的孩子，不知道家长注重分数是要他好好学习，出发点是好的，是爱他的。他只知道自己没有得到满分，被家长训斥、打骂了；而得了满分，受到家长的表扬、鼓励，他会认为家长喜欢考高分的他，家长与孩子间的纯真感情被分数离间了。

考试分数不能代表孩子学习质量的全部，考卷也不能决定一个人的价值。家长应体谅一下那些因为分数不好而愁容满面的孩子，不要使孩子成为分数的"奴隶"，自己成为"帮凶"。

16.　消除成绩所造成的压力

　　成绩比别人稍差的孩子，如果认定"只有自己考试成绩不好"，就会越来越讨厌学习，并且产生不安感。如何引导有这种想法的孩子，父母的作用是非常重要的。

　　一些平时学习用功，成绩也相当不错的孩子，也不能保证每次考试都得高分。即使是平常学得很好的功课，如果运气不佳，正好碰上自己感到棘手的问题，也可能会考得一塌糊涂。这时如果家长和老师只关心考试成绩而对孩子大加训斥，那么孩子就会变得垂头丧气，转而对学习失去信心。

　　当孩子把考得不好成绩拿回家时，家长往往会不由得大发脾气，指责孩子："怎么才考这么点分？"这样做会刺伤孩子的自尊心，以至于他们在做别的事情时也显得不知所措。其实，考得不好受打击最大的应该是本人，孩子会对自己能力不足感到内疚。如果家长再火上浇油的话，只能使孩子的情绪更加低落，对自己完全失去信心。

　　父母除了鼓励孩子以外，最重要的是帮助孩子找到成绩差的原因：是智商真的不够高？还是完全没有兴趣？是学习环境不够好？学习时间不够充分？还是学习习惯和方法有问题？

　　要认真和孩子一起探讨怎样充分利用学习时间，更合理安排每门学科的预习，上课认真听讲，下课后及时复习，针对性地进行作业。多鼓励孩子学习，而不是用辱骂性语言：你很笨、真是笨蛋……这样只会激发孩子强烈地受挫心理，对学习更加害怕和逃避，从而进入恶性循环之中。

　　孩子有时考得不好，为成绩苦恼和失去信心的时候，父母可以给孩子分享小时候也曾经没有考好的经历，父母考试失败的经历会鼓励孩子再次从头开始努力学习，而不是提心吊胆、担惊受怕，根本没有静下心来学习的状态。

　　最重要的是家长要培养孩子一种永远学习的动力和能力，要给孩子强调只要经过艰苦认真地训练，每一个孩子都可以考出自己理想的成绩来。

并且永远不丢失学习的兴趣和未知世界的好奇心。

家长应该多肯定孩子的长处，从而增强孩子的自信心。多鼓励孩子，让孩子勇敢地尝试，克服怕难心理，只要有了自信，那么自然而然地学习兴趣也会很快树立起来。

家教建议：

🖤 其实，做父母的应该懂得：要以人为本，不要以分为本，成长永远比分数重要。

要给孩子多一些正面鼓励，尤其希望那些爱用分数比较的家长和教育工作者明白：考试只是每一个学生、每一个孩子阶段性成绩的测试，而不是同学之间的竞争。每个人要从考试中总结自己，从而更好地学习，更好地发现自己的不足，以超越自己作为考试的目标。

🖤 家长请记住，分数不是衡量孩子学习成绩好坏、能力高低的惟一标准。人生之路非常漫长，从学校到社会，每个人都要经历一次又一次考试，有的是分数看得见，有的分数是看不见的。不会做数学题也许会把清洁卫生打扫干净；不会写作文，也许会把菜做得有滋有味。人生之路，不是分数来决定一切的。

🖤 本来，孩子的才能是无穷无尽的，但特长的开发与发挥却需要时间。在此之前，家长不要着急，也不要怪罪孩子，只要你能对他好好呵护，那么讨厌学习的情绪就一定会立刻消失得无影无踪。

问问孩子最适合做什么

天才还是俗物，与其说是由先天的遗传、禀赋等因素所决定，倒不如说是由后天的环境和教育因素所决定。　　——（俄国）塞德尔兹

春秋时代，孔子就提出因材施教的教育理念，但现在不管是学校和家长都很难做到。学校以分数作为考核衡量，家长也以分数作为奖惩标准。

教育孩子的前提是了解孩子，这是教育最基本的原则，不了解孩子就没有办法教育孩子。现在中国的家庭教育之所以困难重重，就是因为用了一种模式化的方法去要求千差万别的孩子。好多父母都有这样的感受：我们听了很多专家的报告，看了很多书，可是在孩子身上一试就不管用了。

其实任何一个专家的观点，包括任何一本书上介绍的方法，都不能简单地拿来就用，你一定要和自己孩子的实际状况结合起来，因为适合的教育才是最好的教育。一定要适合你的孩子，因为你孩子的特点可能是与别人不一样的，每一个孩子都是一个独特的世界。

我们不能用什么哈佛女孩、北大男孩这样一种统一的方法来教育自己的孩子，但是现在我们犯的错误恰恰就在这里。

教育孩子的前提是了解孩子，一定要了解孩子成长的特点。不了解孩子的特点就会酿出不必要的人间悲剧。

有一个多才多艺的女孩子，长得非常漂亮，钢琴过六级、会跳芭蕾、会作曲，歌唱得也不错，她一唱歌，同学就说："哎哟，我以为是大明星呢！"就是这样一个女孩子，却选择了自杀来结束自己的生命，实在令人惋惜。

那个女孩子非常活泼，有一次，在她表姐的生日晚会上，她给大家演奏了贝多芬的《献给爱丽丝》。她弹得很好，还给大家表演了一段现代舞。初中的女孩子当场表演现代舞，一般的孩子是做不到的。

可是她现在自杀了，为什么呢？就因为她在初中毕业的时候，她的愿望是报考幼儿师范。她虽然多才多艺，但她的文化课不好，她想：我只在报考幼儿师范，当个音乐老师或者舞蹈老师，就能够快乐一生。但她的父母一听，说："都什么年代了，你还不上大学。不上大学你怎么会有大出息呢？"

上大学的窍门就是上一所重点高中，父母们千方百计让孩子上了重点高中。文化课基础差的孩子上了重点高中，在这强手如林的学校真是如坐针毡！她虽然在文艺上很活跃，很有才华，但是她的功课却跟不上了。

高二会考的时候，两门功课不及格，她一下就绝望了，因为两门课不及格意味着高考资格、能不能考上大学等等一系列的问题。绝望之下她开煤气自杀了，她的父母很痛苦。

在她的遗体告别仪式上，她穿着胭脂红的上衣、胭脂红的背带裤、杏黄色的外衣，躺在停尸间里，头的左边放着她喜欢读的书——毕淑敏的散文，右边放着她心爱的芭蕾鞋。

你看那个场面，同学哭成一片。同学们说："太可惜了，其实凭她任何一样才能都可以过上一种快乐的生活，都会有成就的，都是父母不切实际的期望把她给害了。"

我们教育孩子的前提是一定得了解孩子，了解孩子之后，采取的策略就是扬长补短。对孩子的弱项要多鼓励、多帮助，但是不能指望他达到一个高水平。他不是不想，没有一个孩子不想达到高水平，他是达不到。

我们父母朋友可以做个实验，你自己选选，你肯定知道自己哪儿不行：你可能跳舞不行，也可能唱歌不行，或者算数不行。我要是给你一个要求：你必须唱得好、跳得好或算数好，你会是什么感觉啊？你一定痛苦不堪。

每个人都是靠优点活着的，是靠长处成功的。所以我们要发挥长处，也要认真分析孩子的短处，并加以改进。孩子不是只有学习这一条路可以走。

17. 不要期望孩子什么都学好

让孩子什么都学好的愿望是好的，但不现实。因为孩子的时间毕竟有限，有些知识他只要了解一些就可以了，而他真正感兴趣的事情才可能学得精通。所以作为父母，我们当然可以让孩子学各种各样的知识，但还需要认真地观察他的兴趣，哪一门功课他花的时间最大，哪件事情他最用功去做并且乐此不疲。其实让孩子参加各种各样的辅导班不是解决方法，最需要的是从中找到孩子的兴趣点。而许多父母总觉得将孩子送到各种各样的辅导班就算完成了任务，实际上这时候我们的任务才刚刚开始。从发现孩子兴趣到发现孩子的天赋，既需要仔细观察，又需要认真分析。可以说这件事情不简单，也不容易。发现兴趣天赋不容易，怎么让兴趣天赋变成人生的一部分就更不容易。让我们看看一个号称"天才少女"的成长故事吧。

徐丹（化名），1981年出生在江苏某县一个偏僻的小镇上。她的父亲是镇中心小学的校长，母亲是一位幼儿教师。父亲年轻时曾考上北京的一所师范大学，因历史问题没有读成，留下终生遗憾，因此他把自己的理想全部寄托在女儿的身上。女儿刚学会说话，父亲就教她背古诗，记英语单词。女儿刚过两岁生日，父亲就郑重其事地在家里挂了一块小黑板，让女儿开始了正规课程的学习。他经常对别人说："我要在我们家制造出一个小神童来！"

在父亲的高压督导下，徐丹失去了童年的快乐。她7岁便完成了小学6年的全部课程，8岁时读完初中，10岁便开始和高一的学生同班听课。她理所当然地被人们视为"神童"。1994年高考，徐丹以优异的成绩被南京一所综合性大学生物系录取，这时她年仅13岁，成为该校历史上最年轻的学生。消息在她的家乡引起了不小的轰动，各种荣誉接踵而至，她的家庭被某市评为"十佳家庭"，她本人被授予"天才少女"的称号。

可是进大学以后，徐丹根本没有生活自理能力。后来读研究生时由于成绩不好而变得性情乖僻孤傲，甚至发展到偷拿成绩比她好的同学的笔记本，借搞"家教"为名，偷拿别人的钱包。

由于感到十分孤独，徐丹又开始乱交男友。在与第一个男友分手后，1999 年 10 月，她又被刚刚刑满释放的情场老手王宏（化名）的花言巧语所俘虏，声称王宏是她认识的"最好的男人"和"未来老公的最佳人选"。2000 年 1 月，王宏因为杀人而被判处死刑。徐丹由于感情和学业上的失败最终于 2000 年 5 月 13 日夜将两桶汽油浇在身上，引火自焚。

徐丹的悲剧发生的直接原因就是她自己缺乏健全的人格。父母希望她学得越多越好，却没有注意培养她在学习以外的能力。试想，如果徐丹的父母不是让她作为一个"神童"而存在，而是注意培养她多方面的能力，例如生活自理能力，交朋友与别人相处的能力，自我面对失败的能力，自我修复的能力，更关键是让她成长为一个有基本道德观、善良、遵纪守法的人，那么悲剧或许不会发生。

18.　选择的权利在孩子手中

帮孩子出主意，让孩子自己去选择，这才是教育孩子的正确方法。在这方面，比尔·盖茨父母的家庭教育经验值得我们借鉴。

微软公司总裁比尔·盖茨在短短的二十多年时间里积累了 510 亿美元的巨额财富，比以前的美国汽车大王、石油大王、钢铁大王和金融寡头在 200 年时间里创造的家族财富总和还多。比尔·盖茨之所以取得这样的成就，很重要的一条是因为良好的家庭教育为他的计算机天赋的发挥提供了自由的空气，使他得以在自己喜爱的道路上坚定地走下去。

1955 年 10 月，比尔·盖茨出生于美国西雅图市。他的父亲是律师，母亲是教师。比尔从小极爱思考，一迷上某事便能全身心地投入。外祖母特别喜欢和小比尔一起做游戏，等他稍微大一点后，外祖母就教他下跳棋、玩筹码、打桥牌等益智游戏。在和比尔下象棋时，外祖母总爱对他说："使劲想！使劲想！"她也常常为孩子下了一步好棋而拍手叫好。外祖母还常常给比尔读书或讲故事，比尔从中受益匪浅。小比尔在外祖母的帮助和指导下，成了兴趣广泛、废寝忘食的"书痴"——读书成了他发泄精力的好方式。

比尔上学以后，经常参加他家附近一个图书馆举行的夏季阅读比赛，他总能得到男孩中的第一名，有时甚至能获得总冠军。父母意识到比尔在思维和记忆力上的潜力，总是不失时机地激活比尔这方面的潜能。他们陪比尔在公园散步时，常会与比尔交流下棋的技术或看名篇名著的心得，让比尔寻找到更新的下法或表达更独到精辟的见解。

小学毕业后，父母在征求比尔的意见后，将他送到西雅图市的湖滨中学读书。这一时期，比尔常按自己的兴趣爱好来安排学习，把主要的精力都放在自己喜欢的课程——数学和阅读上。后来比尔迷上了计算机，并在小伙伴中以精通计算机而小有名气。学习计算机也激发了小比尔学习其他知识的兴趣，他的学习成绩在班上一直名列前茅。1973年夏天比尔考大学时，并没有选择计算机专业，而是去著名的哈佛大学学法律。父母很高兴，以为他可以子承父业。

然而出乎父母意料的是，比尔进入哈佛大学后，学的最用心的是数学、物理和计算机知识，并运用学校的计算机开发出一种软件，赚了不少钱。幸好，父母并没有限制比尔这种"不务正业"的行为，因为他们并没有把孩子看作是自己的私有财产，并且觉得不应该强迫孩子去做他不想做的事。经过冷静思考后，父母放弃了让儿子当律师的想法，任比尔在大学里自由发展。这一点帮了比尔·盖茨的大忙。

一年后，更大的难题摆在了比尔父母面前：比尔想要中途辍学，与别人一起创办计算机公司！比尔与父母进行了多次交谈，平静地表达了自己的想法。深知儿子秉性和志向的父母见儿子态度这么坚决，于是支持他在计算机领域寻求发展。就这样，比尔·盖茨毅然离开了令亿万学子向往的哈佛大学，开始在软件领域里大展宏图。

比尔·盖茨的成功证明了尊重孩子自由选择权利的重要性，无论是在中学读书时，还是去哈佛大学学法律，或者最后从哈佛大学中途退学，这些都是比尔·盖茨自己选择的，而父母也尊重了他的选择，这一点对于比尔·盖茨的成功非常重要。

19.　问问孩子最适合做什么？

在没有明确孩子的兴趣之前，父母不妨让孩子多学点东西。但是究竟孩子的兴趣是什么，不应该由父母说了算，而应该与孩子沟通。只有这样，我们才能找到孩子真正的兴趣点。可是现在，许多父母并不关心孩子的兴趣，他们选择的往往不是孩子喜欢做的事情，而是父母以为孩子应该喜欢的事情。请看看著名教育家孙云晓先生的一则调查资料。

据中国青少年研究中心所做的"中国城市独生子女人格发展状况与教育"一项调查显示：有 52.5% 的孩子学过钢琴等乐器，但他们当中表示"非常喜欢"的只有 11.5%；有 30.1% 的孩子明确表示"不喜欢"或"一般"。又如有 67.0% 的孩子曾学过绘画，但他们当中表示"非常喜欢"的只有 19.0%；有 31.9% 的孩子明确表示"不喜欢"或"一般"。也就是说，几乎超过半数的孩子对他们所从事的课余活动并不是"非常喜欢"或出于自愿，而是父母的选择。

据中央音乐学院对 3295 名琴童的调查表明，有 11.4% 的父母因学琴有时会打骂孩子；有 33.3% 的父母偶尔会为此而打孩子；甚至有不少于 44% 的琴童因"不听话"经常受到父母批评；21% 的父母经常威胁孩子；40% 的父母在孩子学琴时批评多于鼓励；因为是琴童，其中 50% 的孩子受到比其他孩子更为严厉的管教。

针对这一奇怪的现象，孙云晓教授指出，不少父母省吃俭用为孩子买乐器、请老师，而孩子则要在本来就十分紧张的学校学习之外花很长时间练琴，并且一学就是几年，甚至更长。孩子在练琴的过程中所要承受的来自父母的态度、体罚方面的压力，更是其他学习活动中无法与之相比的。孙教授说，兴趣是孩子获取知识的最大动力，这样不尊重孩子兴趣而为孩子选择的"兴趣班"，很有可能扼杀了孩子们真正的兴趣。

我们一定要搞清楚，孩子究竟有没有这样的艺术天赋，如果没有，索性培养孩子成为"欣赏家"。因为会演奏乐器固然是一件值得骄傲的事情，但是一个人即使不学习乐器，也可以听音乐让自己生活得更美好，让自己心情轻松愉悦不也是起到了音乐教育的作用吗？

这则调查资料表明，父母在培养孩子兴趣方面存在误区。可以说，现在许多父母所培养的"兴趣"在一定程度上并不是孩子自己的兴趣。那么，父母该如何发现孩子自身的乐趣呢？这就需要父母首先养成仔细观察孩子的习惯，孩子反反复复做的事情往往就是他感兴趣的；其次，父母应该站在一个平等的立场上与孩子沟通，多问问孩子喜欢做什么，或许从孩子天真的回答里，父母可以发现孩子的兴趣所在。

总之，父母应该关心孩子的兴趣，并有针对性地加以引导。

家教建议：

🐞 与其让孩子样样都学好，不如培养孩子某一方面的兴趣，让他精通某一个方面。

🐞 作为父母，我们可以给孩子提供参考意见，但应该把最后选择的权利交给孩子，并让他明白选择后必须面对的风险和机遇。

🐞 父母应该充分了解孩子适合做的事情是什么，然后根据孩子的兴趣进行培养，而不能根据自己的喜好来教育孩子。

全面发展，与孩子一起成长

劳动教养身体，学习改造心灵。　　　　　　　——（英国）　史密斯

  21 世纪是两代人相互学习、共同成长的世纪，父母的确要教育孩子、要履行监护人的责任，但同时也必须努力地去发现孩子身上的优点，向他们学习，和他们一起成长。与孩子一起成长是化代沟为彩虹的一个秘诀。

  父母为什么要与孩子一起成长呢？我们经常看到父母买一些家庭教育的书给孩子看，让他们"好好看看，好好受受教育"。可是这些书不是给孩子看的，是给父母看的。父母想：我们还看什么呢？所以说父母很多时候没有意识到自己需要成长。

  我们小的时候是孩子不了解大人，大人很神秘，大人知道的事多，很有权威性。而今天呢，倒过来了，今天是大人不了解孩子，孩子很神秘，孩子知道的事挺多。为什么啊？因为我们进入了一个信息化的时代、一个互联网的时代，在这么一个信息发达的时代，你会发现，成年人的优势不如孩子。

  有的父母老爱说孩子，现在孩子也学乖了，他也不总和父母顶撞，只说："好好好，你对你对，你们大人都对，你们大人还是'蛋白质'呢！"大人一听，这是什么意思啊？蛋白质不是好东西吗？我们人人都需要蛋白质啊！其实蛋白质是青少年的网络语言，"蛋"是笨蛋的蛋，"白"是白痴的白，"质"是神经质的质。这是孩子在骂你呢，你还听不懂，这样的语言多了。

20. 不向孩子学习，你就没法教育孩子

曾经担任人民日报社总编辑的范敬宜先生写过一篇文章，写得很精彩，叫《赞"回家问问孙子"》。好多老学者、老科学家讨论问题，说："哎哟，这个问题不行，等我今儿晚上回家问问我孙子吧。"为什么呢？就在这样一个信息化的时代，特别是互联网的发展，青少年是如鱼得水、如虎添翼呀！你不要以为他们在网络上畅游就是一点技巧，不是的；就是获得点信息，也不是的。他们的技巧多了，获得的信息也特别多，多了之后就形成了自己的观念，形成了自己的价值观。

所以在这样一个时代，你对孩子的态度要发生变化。怎么理解今天的孩子呢？21世纪是两代人相互学习、共同成长的世纪。过去是三娘教子，今天也可以是子教三娘，两代人要相互学习。

有一个父亲这样说："哎呀，我那儿子不得了，才3岁。有一天他淘气，我就揍了他，揍了一顿之后，他就往里屋跑，要拨110，说：'打人犯法，我得打电话报警。'我的天哪，我赶快给按住了。"

有一个5岁的女孩问她妈妈："妈妈，女人能当国家主席吗？"

妈妈一听很高兴：我女儿还问这个问题，有出息啊！妈妈就说："能啊，现在好多国家都有女总统啊、女总理啊！"

女儿说："嗯，那我长大了要争取当国家主席。"

妈妈说："好啊，你当了国家主席，我就是皇太后啊。"

女儿说："那可不对，我是国家主席，你还是老百姓，跟你没关系。"

妈妈很感慨，说："我还是个知识分子呢，怎么女儿一说国家主席，我马上就想到皇太后了呢？"

可能是清朝、明朝的电视剧看多了，我们骨子里边总有那么一点封建意识。

不向孩子学习，就没法教育孩子。

有个妈妈是知识分子，儿子上高一，她觉得儿子比较冷漠、不热情，她老想用自己当年艰苦奋斗的经历来感染儿子，她就写了篇文章，回忆当年自己到处去串联，去延安，去西柏坡，去圣地访问的事情。

这个妈妈说："在雁北高原的时候，经过一个山谷，到处都是鹅卵石，

走一步退两步，非常艰难。我们 6 个人下定决心排除万难，困难面前有我们，我们面前无困难，无困难一定要走到底。磨得脚打了泡，还要往前走。"

她回忆了这一段，然后写了篇文章给儿子看。她好好观察儿子的表情，没有想到儿子没表情。儿子看了以后说："老妈，你们这 6 个人就没有一个人提出来换条道走啊？"妈妈有些不知所措，她儿子又说："你们跟那堆鹅卵石较什么劲啊！"这个妈妈就僵在那儿了，后来就琢磨这个问题。

一段让父母热血沸腾的经历，到了儿子这儿，就只是轻轻一句话："为什么不换条道走啊？"这个差异太大了！

为什么会这样呢？现在的孩子从小就生活在一个多元文化的时代，从小就学会选择。"你今天想吃什么？""今天咱们上哪儿去玩？"这都跟孩子商量，孩子有很多很多可以自由选择的机会。

很多成年人，尤其是中老年人，工作一辈子都不如意，但是一辈子都不敢辞职，一定是"我生是你的人，死是你的鬼"。他老老实实地干工作，满腹怨言，专长也不能实现，发展也不好，但就是不敢离开。但是年轻人就不这样，你看他有很好的工作，他说不干就不干，因为他有更好的选择，他习惯了选择。

这是一个时代的变化，这实际上是一种进步。他要充分地去实现自己的梦想与追求，不会受到传统的束缚。我们看到孩子的一种变化，这种变化在孩子身上充分地体现出来。

现在孩子也许会因为有太多选择，太多自由，反而容易随波逐流；因为榜样的力量不再单一，所以我们作为家长怎么去言传身教，去影响孩子走在正确的道路上，是非常考验父母的。一方面人生之路漫长，一方面关键的路就是那几步，所以在青少年时期培养基本的价值观、世界观、人生观是非常重要的事情。

21. 向孩子学习并不是让你丢人的事

你发现没有，你越向孩子学习，孩子就越好教育。你向孩子学习了，被人学习总会感到有点骄傲，又觉得不好意思：你看父母都这么大年纪的人了，还向我学习，还听我的意见、尊重我，那我肯定要表现得更好。孩子就这个特点："我感到成功了，我就可以做一个更成功的给你看。"他受到一种激励、受到一种欣赏就会这么做。

在今天这个时代，不向孩子学习，就没法教育孩子。虚心地向孩子学习，慢慢你会发现孩子会成为你很好的老师，好多事他会来给你提醒，而且孩子身上的现代观念会给我们很多启发。

我国著名儿童教育家孙云晓就有一次这样的经历：

女儿学校的校长碰到我："孙先生，我们现在有一个国际夏令营，是不是给你女儿一个名额去国际海洋夏令营？"校长给的名额，我当然很感谢了："真是谢谢校长，非常感谢。"好了，把钱交了，还挺贵的，但是校长给你名额，你还能嫌贵吗？当然也不能说贵，就报名培训去了。

结果女儿去了第一天，培训的第一天，回来就说："这个夏令营是骗人的，说是国际海洋夏令营，根本没有什么海洋活动，老购物，本来6天的活动改成5天，这个夏令营不好，我不去了。"

孩子这么一说，我感到很为难：钱都交了，都开始培训了，你不去了。我说："去吧，你去了就有收获，去了就会受到教育。"

你看我们成年人的思维就是忍耐，不大在意自己的权利。"去吧去吧，都这样了，好赖你去吧。"

没想到女儿说："不想去，都这样了，这么委曲求全干吗？"

这句话启发了我，我想孩子说得有道理，既然觉得这个夏令营没有多少收获，为什么强迫自己去呢？我就说："这样吧，你说得也有道理，去不去是你自己的权利，但是不去的话，你要去跟老师说明理由，办好退营手续，如果做到这一点，你就可以不去。"

"那行，没问题。"

第二天她就跟老师说明理由，然后把款都退回来了。

我们今天的孩子，大概是历史上最重视自我的一代，是最注意维护个人权利的一代。这个当中有它的合理性、现代性，现代人都特别爱讲权利，讲责任和权利统一，所以说向孩子学习是我们今天的父母一个教育成功的必备要素。

我们今天不能光想着怎么去教育孩子，而且还要想着怎么向孩子学习。不要以为孩子做的都是不好的，我们就怎么高明，其实有的时候不是这样的。我们现在要多倾听孩子的想法，特别要发现孩子身上的优点，学习他们，与他们一起成长。

与我们的孩子一起成长，这样我们就会把这个深深的代沟变窄甚至填平，使成长变为我们全家、全社会共同的主题，我们也会因此而变得年轻而快乐。

22. 陪孩子一起玩

中国的父母一般具有内敛而现实的性格，还受传统家长制的影响，似乎很难放下架子陪孩子一起玩。父母们应该相信，和孩子一起玩不仅不会损害形象，还能充分展示父母的现代风范呢！同时应记住你只是孩子的伙伴，而不是他的管制者。放松你的心情，亮出你的微笑，和孩子一起玩耍、欢笑！

其实，还可以尝试着养成家庭聊天的习惯。现在一家人围坐在一起轻松聊天、嬉笑逗趣的场景越来越少。尤其许多家庭以前是大家看电视，现在是每个人一个电脑或手机。有人调侃：世界上最远的距离，就是一个手机的距离！

晚饭后一家人坐在餐桌旁不要急于离开，每个人随意讲讲一天中的见闻、乐事，时间不必长，半个小时、10分钟，假如能成为家庭生活中的一个惯例，那是一件其乐融融的事情，不仅可以引导孩子养成倾听与倾诉的习惯，还可以促进家庭成员之间的亲切关系。何况，还会是小的信息交流平台，让大家增长见识开阔视野呢！

家教建议：

🌱 21 世纪是两代人相互学习、共同成长的世纪。与孩子一起成长是化代沟为彩虹的秘诀。

🌱 向孩子学习并不是让你丢人的事，而是成年人的睿智。

🌱 现在的父母们并不完全是因为工作忙、没有时间才不愿意陪孩子玩，而是父母们并没有心理准备成为孩子的好伙伴，更没有养成陪孩子玩的习惯。

第二章　成长比分数更重要

三百六十行，行行出状元

即使种下的是龙种，收获的也可能是跳蚤。　　——（法国）海涅

中国有句"三百六十行，行行出状元"的古话，其实这只对了一半。为什么这样说呢？我们确实是三百六十行，但是不一定非要当状元。你分三百六十行，行行出状元不也就三百六十个状元吗！中国那十多亿人口怎么办呢？有的孩子即使有擅长的一面，也不可能全国第一，更不可能世界第一。其实，他也不需要这个第一，只要做得比较好，为社会所需要，能够实现自己的潜能就够了。

父母对孩子的要求就是：只要你尽到自己的努力就行了。不要给他确定过高的名次要求，这才叫"发现儿童、解放儿童"，发现儿童是发现儿童成长的规律，解放儿童是打破束缚孩子的一些枷锁，这样我们的教育才能使孩子幸福。教育最根本的目标就是让孩子最终成为一个自立自强，对社会、对自己有用的人，获得健康幸福的人生，这才是我们最本质的东西。

"望子成龙"和"望女成凤"的心理可以理解，但做父母的千万不要以"爸爸妈妈都是为你好"为理由去逼孩子。逼子成龙，龙就会变成虫。

"知心姐姐"卢勤的儿子上高三时，她曾请教过全国著名大学的一位女教授：儿子应该报考哪所大学？

这位老教授语重心长地告诉卢勤：期望值不要太高，太高了就会失望。她说，偏远地区有一个女孩子，学习特别好，人称"三脑袋"，物理、数学、化学都能考满分。高考时，父母让她考我所在的这所全国重点大学，她不想考，可父母逼她报考，说是让她为祖宗增光；老

师也劝她报考，说是为学校增光。她违心地上了我们学校，情绪一直不稳定，妈妈在校园里陪了她很久。妈妈回去后，学校进行了三次考试，她的成绩都名列中下。过去，她一直是当地的"状元"，这样的结果给她带来了巨大的精神压力，入学仅三个月，她便跳楼自杀了。她的母亲到学校来"接"她，欲哭无泪，一声接一声地喊："是我害了我的女儿！是我害了我的孩子！我当初为什么要逼她？！"

教授讲这番话时，情绪很激动："为了进军清华、北大，牺牲了多少孩子？你不是'知心姐姐'吗，请你转告那些对孩子期望过高的父母，心理素质不好的孩子，最好不要上重点大学。"

在漫长的人生路上，每个人都会有许多事不能如愿以偿。心理素质好的豁达开朗，沉着应对，于是成功了；心理素质差的烦恼缠绕，难以自拔，于是倒下了。就像一个木桶，它的盛水量不取决于最长的那块木板（智商），而取决于最短的那块木板（情商）。进入重点大学的学生要面临同样的考验，从高考状元到成绩平平，从备受关注到默默无闻，心理落差之大，是一般人难以承受的。

父母最重要的是让孩子遵循自己内心的选择，活出一个真实的自己。在真实的自我前提下选择学习的方向和专业，找到自己喜欢并能够胜任的工作，这才是幸福人生的基本途径。

23. 孩子也是普通人

许多父母总是希望将自己的孩子培养成一个天才，所以他们拼命地让孩子上各种各样的补习班，恨不得让孩子一下子学会所有的知识。许多尚不成熟的孩子在父母的高压下做出让人意想不到的傻事来，这不能不让家长们深思。"天才少年"雷平（化名）因为怕辜负父母而离家出走的例子很能让我们陷入沉思。

2001年4月1日，离家出走8个月之久的雷平终于回到家里，念子心切的妈妈见到儿子失声痛哭："雷平啊，你总算回来了！你走后我和你爸爸几乎跑遍了大半个中国，就是找不到你！这些日子可把爸妈想死了……”

雷平原是江苏省某市某中学高一学生，爸爸雷明（化名）在一所中专学校当教师，妈妈在某公司任经理，这本是一个幸福和睦的家庭，爸妈勤勤恳恳，雷平聪明过人，前景一片光明。

雷平在离家仅一里的中学上高一，每天中午都回家吃饭。2000 年 7 月 13 日上午 11 时多，天突降大雨，雷明连忙赶到学校为儿子送伞。同学和老师都说 :“雷平上午没有来学校！”雷父心里一惊。

“这小子居然敢逃学，晚上回家我得好好教训他。”雷父越想越生气，闷闷不乐地回家了。谁知，一直等到晚上 10 点多，仍不见儿子回家。这时他与妻子慌了 : 儿子莫非出什么事了？他们连忙打电话给亲朋好友，寻找儿子。可是没人知道儿子上哪去了。

原来，12 日晚上自习课上，雷平将一封信交给他最要好的两位同学，说他要“云游四海”，等他走后再将信交给他父母。信的内容主要是 : 爸爸、妈妈，当你们看到这封信时，不孝儿已在茫茫人海中……我不能为你们争光，还是走了好，我对不起你们……在信中，雷平还说他游遍祖国大好河山后可能要去印度、日本、印度尼西亚等地“云游”，修炼上乘武功。这时，雷家夫妇才知道儿子离家出走了，两人悲痛欲绝。他们怎么也想不到，一向聪明过人、出类拔萃的儿子竟然会离家出走！要知道，雷平一直是雷家的骄傲，小学四年级时摘得全国小学生数学邀请赛二等奖，五年级时以满分的成绩夺得全国数学奥林匹克竞赛的冠军……他获的奖励不计其数，光奖状就有一大堆。因此雷平被老师和同学誉为“天才少年”，雷明也沾了儿子的光，经常在学校的大会小会上向众家长传授“教子秘经”。然而，1999 年秋天，当雷平以优异的成绩考上高中后，情况发生了巨大的变化。雷平妈妈的肩周炎、胃病等日益加重，动不动就得住院，甚至到南京、北京求医，爸妈无暇顾及孩子的学习，更没有时间与他进行思想交流与沟通。

问题偏偏出在这一年，一向好动的雷平突然变得斯文起来，对武侠小说情有独钟。为了满足阅读欲，他在地摊上大量购买盗版书，同时还从学校和市图书馆借书。因为始终为武侠小说中那笑傲江湖的侠男义女以及跌宕起伏的情节所吸引，所以雷平常常从早晨一直看到半夜仍不罢手。爸爸强行让他熄灯休息，他则购买了一个小型台灯，躲在被窝里看。

2000年7月12日，考完期中考试，自以为成绩太差的他没脸见父母，便给父母修书一封，拿走家里的1500元钱及一些武侠书，离家"云游四海"。他先坐车到安徽黄山，后骑自行车到合肥、安庆，再到庐山，2000年8月初坐船经过长江三峡来到重庆。本来，雷平离家出走的目的是游山玩水，但看了几处之后，他觉得没什么意思。再说，离家时的钱已花光，迫于生计，他决定先找一个工作谋生，以后再出国"云游"。8月13日，他进入重庆一家摩托车配件厂当电焊学徒工，每月工资300元，包吃包住，干了近半年的他觉得已适应这里的工作，本想长期干下去。但2001年2月，因为他在上班时看武侠小说，被领导训斥，并没收了书，一气之下，他离开了工厂，成为无业游民。经过十几天痛苦的思想斗争，他终于在2001年3月25日夜晚10时拨通了家里的电话。

听到了久违的儿子的声音，雷明喜极而泣，一字一句地说："孩子，你回家吧，我和你妈都十分想念你！"雷平也是泪流满面："好，我回来！"次日，父亲坐上去重庆的列车。3月27日，父子俩在重庆见面，相拥而泣。3月29日他们启程回家。

途经某市时，记者在火车站采访了他们父子俩。雷平说他之所以离家出走，是因为父母对他的期望太高，希望他将来成为科学家，所以对他要求很严，星期日将他锁在家里让他学习功课。这让他觉得压力很大，也有些反感。初三到高一，他迷上了武侠小说，成绩明显下降，父亲不问青红皂白，动辄拳脚相加，使他产生了逃学的念头。2000年7月13日考完期中考试，自认为成绩太差的他决定离家出走。

父母对自己的孩子严厉，是为了他们好，也是为了他们的将来。但是，父母就没有应该反思的地方了吗？雷家以未来科学家的标准来培养孩子，势必会逼着孩子做一些他很难做到的事情，时间长了，会给孩子造成很大的思想压力，反而不利于孩子的成长。

因此，家长在确定对孩子的期望值时，一定要考虑孩子的实际水平，决不要和别的孩子随意攀比。如果期望值高于实际水平，不但会给孩子造成沉重的精神和学习负担，使他们丧失对学习的兴趣；厌倦学习生活，而且还会剥夺孩子本应有的生活乐趣；使他们长期处于超负荷生活状态，影响其身心发育，损害健康。如果期望值太低，也不利于孩子的发展和进步。因此，家长应根据老师的建议，必要时征求心理学家的意见，并合理接受孩子的要求，实事求是地设定恰当的期望值。孩子会根据自己的情况制定一个个小目标去推进，这样孩子会感觉到踏实和充实；什么事情不怕慢就怕停，孩子只要坚持去做，就会有一番天地。

24. 让孩子分阶段实现大目标

我们提倡将孩子当作普通人培养，并不是让父母忽视孩子在某一方面突出的才能。如果发现我们的孩子确实是一个可造之才，请先制订一个计划，为了让孩子的潜能得到最大限度的发挥，父母可以让孩子树立一个大目标，这样孩子就不会为一点点小成绩而骄傲；但又要告诉他为了达到最终的理想而所必须完成的一个个现实的迫在眉睫的小任务，这是为了让孩子每时每刻都有一种慢慢进步、逐渐接近目标的成就感。

在美国耶鲁大学的入学典礼上，校长每年都要向全体师生特别介绍一位新生。有一年校长隆重推出的是一位自称会做苹果饼的女同学。

大家都感奇怪：为什么会是她呢？

原来，每年的新生都要填写自己的特长，而几乎所有的同学都选择诸如运动、音乐、绘画等，从没人以擅长做苹果饼为卖点。因此，这位同学便脱颖而出。

她很聪明，因为当初她要填"擅长厨艺"的话情况就不同了。

目标设计得越具体越细化越容易实现。

有人做过一个实验：组织三组人，让他们分别步行到十公里以外的三个村子。

第一组不知道村庄的名字，也不知道路程有多远，只告诉他们跟着向导走就行了。这些人刚走了两三公里就有人叫苦，走了一半时有人几乎愤怒了，他们抱怨为什么要走这么远，何时能走到。有人甚至坐在路边不愿走了，越往后走他们的情绪越低落。

第二组知道村庄的名字和路程，但路边没有里程碑，他们只能凭经验估计行走的时间和距离。走到一半的时候，大多数人就想知道他们已经走了多远，比较有经验的人说："大概走了一半的路程。"

于是大家又簇拥着向前走。当走到全程的四分之三时，大家情绪低落，觉得疲惫不堪，而路似乎还很长。当有人说："快到了！"大家又振作起来加快了步伐。

第三组的人不仅知道村子的名字、路程，而且公路上每一公里就有一块里程碑。人们边走边看里程碑，每缩短一公里大家便有一小阵的快乐。行程中他们用歌声和笑声来消除疲劳，情绪一直很高涨，所以很快就到达了目的地。

这不难理解。人们如果清晰地了解自己行动的明确目标和自己的进行速度，就会自觉克服一切困难，努力达到目标。目标设计得越具体越细化越容易实现。

所以，作为父母，我们有责任将有潜力的孩子培养成材，让能力平庸的孩子健康成长。这就要求父母不仅要给孩子树立一个远大理想，更要将目标细化。

目标之所以看起来遥远，是因为我们只看到从出发到最后到达这一段长远的距离，由此感到灰心绝望。其实，若像方程式一般，一步步地去分解，再难完成的事情都会化繁为简。

哈佛毕业典礼日是每年五月的最后一个星期四，2016年哈佛第365届毕业典礼。5月26日，一位来自中国湖南农村的小伙子，作为哈佛大学优秀毕业代表发言。这是哈佛大学给予毕业生的最高荣誉，史上第一次给了一个中国学生。他就是何江。

1988年何江出生于湖南宁乡县南田坪乡停钟村一户农民家中。

何江之所以能够成功，跟父母的教育和付出是分不开的。在20世纪90年代初，打工浪潮席卷中国农村时，何江父母并没有为了多挣钱而让何江成为留守儿童。

父母虽然没有什么文化，但父亲乐于每天晚上给他讲各种各样的传统故事，都是一个主题——好好学习；父亲不仅陪伴他和弟弟成长，而且也严格要求他们学习。就这样，何江考上中国科技大学，弟弟考上了成都科技大学。由于从小培养的学习习惯，在中国科技大学，何江的学习也是非常出色，毕业时获得了学校的最高荣誉奖——郭沫若奖学金，并且也作为获奖代表发言。

从中国科技大学到哈佛大学，再到麻省理工攻读博士，从何江身上我们可以看到，只要脚踏实地、认真努力地学习，可以说在中国无论出身是城市还是乡村，无论来自富裕家庭还是贫穷家庭，都能成为非常优秀的人才。

25.　让孩子在轻松快乐的气氛中学习

我们的父母通常给孩子安排了许多学习内容：早晨学什么，中午学什么、晚上学什么。孩子的时间被占得满满当当，他们每天除了吃饭睡觉，几乎都被关在家里读那些毫无趣味的课本。

父母生怕孩子落后于人，又是请家教，又是让他们参加各种各样的培训班。孩子每天晚上十一点前别想睡觉，连双休日也被安排得满满的。有的孩子只有十来岁就已经考取了好几十种证书，这样的孩子已经被无情地打磨成了一台学习机器。

事实上，玩是孩子的天性，是孩子的权利。联合国《儿童权利公约》规定："儿童有权享有休息和闲暇，从事与儿童年龄相宜的游戏和娱乐活动，以及自由参加文化生活和艺术生活。"由此可见，玩对孩子来说是多么重要。

玩是孩子的天性。父母在孩子的学习中融入娱乐，必然会事半功倍。孩子在快乐的时候，最易于开放思维，接受新事物。

有位家长王龙君就巧妙地抓住了孩子的这种特点：

孩子害怕写作文，每次老师布置完作文题，他就愁眉苦脸、抓耳挠腮。有一天，他又坐在桌子前苦思一篇作文，王龙君凑上前一看，才写了一个作文题目"有趣的一件事"。他想了一会儿后，对孩子说："走，我们去玩。"孩子听了十分高兴，马上与父亲准备工具一起去捉黄鳝。孩子按照父亲的方法，好不容易捉着一只大黄鳝，兴奋得眼中放光。有了亲身体验，孩子马上就很自如地写出了一篇饱含真实情感的作文。

通过一次亲身体验，孩子写出了文采飞扬的作文。

其实，世界上的一切事物都是相互联系的，学习活动与整个社会活动都是有联系的，我们不能把它与生活、娱乐等相割裂。现在很多学校奉行"死学"精神，每门功课都让孩子做大数量、重复性的考试卷子，让孩子连睡觉的时间都没有。孩子在堆积如山的作业中，不仅没有时间重温课本基础知识，更没有时间来整理自己的对学习的整体思考与复习归纳总结，更别说灵活应用了。

在培养孩子勤奋学习的同时，也要培养孩子学会玩、爱生活的情趣。玩既可以缓解孩子的压力，也会打开孩子思维的窗子，看到更多风景，思考变得更加灵活，这样才会在漫漫的求学路途上不会只感到累和苦，而是感到学习的乐趣和成就感。

家教建议：

把孩子当成普通人去培养，让他一步步地往前走。这样做的结果可能是我们在不经意间培养出了一个天才。

首先给有潜力的孩子描绘一个大目标，这是孩子最终努力的方向；然后将完成这个大目标所需要做到的一个小任务分解开来，这样孩子每完成一个小任务都会感到由衷的高兴，因为他们又朝最终目标迈进了一步。

父母应该学会适当安排孩子的学习时间和娱乐时间，应该让孩子在生活中轻松快乐地学习。

把孩子放出去经历 "风雨"

爱孩子这是母鸡也会做的事。可是，要善于教育他们，这就是国家的一件大事了，这需要才能和渊博的生活知识。

——（苏联） 高尔基

一位美国儿童心理学家说：“有十分幸福童年的人常有不幸的成年”。很少遭受挫折的孩子长大以后会因不适应激烈竞争和复杂多变的社会而深感痛苦。孩子早晚都要自己面对激烈的社会竞争，而许多父母却不敢把孩子放出去，怕他们经验不足，怕他们上当受骗，什么都不敢让孩子自己去做。这样做的结果是孩子的心理承受能力相当脆弱，经不起一点点挫折。

因此，近年来，一种旨在提高孩子对挫折心理承受能力的教育已在发达国家兴起。这种教育的核心是培养孩子一种内在的自信和乐观。

26.　不要过度保护孩子，但一定要让孩子知道安全须知

一所学校组织学生去参加夏令营，一位学生的父亲怕孩子受不了，就请了假，骑着车远远地跟在学校队伍的后面。到了晚上，辅导员老师晚上查铺，看见床底下竟然还躺着个人。这位老师心里一惊，拿手电筒一照，这才发现这位躺在床下的人是床上学生的爸爸。这位爸爸看到老师，不好意思地解释说：“我儿子第一次出远门，以前晚上睡觉不老实，总是蹬被子，有时候会从床上滚下来，我担心啊。您别声张，明天天不亮我就偷偷回去，

您千万别让大家知道。"弄得老师简直哭笑不得。

在父母这种过度保护方式下，有许多孩子上小学三四年级了还穿不好衣服，系不上鞋带。这种父母对于孩子，只能是妨碍了他们的自立与成长。

同样是小学高年级的孩子，有的能自己坐车到很远的地方，有的却不敢，也不知道该怎么去，造成这种差别的原因，有许多是由于父母过度照顾造成的。父母不应该轻易地藐视孩子的能力，认为"孩子还小，不足以应付这件事。"事实上，孩子的潜能往往出乎父母的意料之外！当孩子想做什么时，就放手让他们去尝试吧！要想训练孩子自己出远门，可以叫他独自去拜访远方的亲戚，父母先送他到车站，让他自己上车，然后再和亲戚联系好，请亲戚到目的地接他。如此反复地训练，孩子很快就能自己出远门了。

当孩子主动提出做什么事情时，父母千万不要说"你还不行呀！"或者"不可以，太危险了！"而应该持"试试看"的态度，放手让孩子一试。既然孩子愿意自己做事情，即使失败了，也可以作为下次的参考。让孩子反复尝试错误，对孩子是有利的。当孩子退缩时，父母应该在一旁打气和鼓励；孩子求助时，尽力给予帮助；若是孩子不曾开口求助，父母不要主动帮忙，只需暗中观察即可。

有的父母会说："本来我们是赞成让孩子自己处理自己的事情，以培养孩子的自立能力，结果却被孩子说成'爸爸妈妈不关心我，别的同学的爸爸妈妈都会帮助自己的孩子'。"孩子之所以会产生这种想法，乃是因为父母没有让孩子感受到"如果出现问题，父母将随即帮助"的缘故。培养孩子的自立能力，需要父母的鼓励，以及适当的建议。当孩子求助于父母时，父母不能袖手旁观，必须给予帮助。

太过或者不及，都不能培养自立的孩子，父母不能过度保护孩子，但也不能放手不管。

一方面我们不应该束缚孩子，另一方面完全让孩子独自上学、独自外出都会担心。

父母要自己评估孩子什么年龄大致能够做什么事情，比如孩子多大可以独自外出？孩子外出必须走大路、坐公共汽车、不接受陌生人的饮料、零食……在孩子独立出门之前，必须给孩子相应的忠告，现在这方面的图书视频教育还是比较多的。要告诉孩子坏人看上去并不坏，也许还非常友好。

现在许多家庭都是小区的房子，同学之间、邻里之间都是陌生人，同学聚会尽可能选择公共场所，比如电影院、书店，避免去陌生人家里作客。

世界很美好，世道很艰难，人间有险恶，一定要让孩子充分认识到世界的多样性，从而学会在保护好自己的前提下，实现自立。

27. 如何帮孩子把挫折变成财富

没有人会一生一帆风顺，孩子在成长的过程中不可避免地要承受这样那样的挫折和打击。作为父母，不应该只是竭尽全力帮孩子逃避困难和挫折，而应该教会孩子如何以积极乐观的心态战胜挫折。父母应该尽力帮孩子把挫折变成财富，而不应该让孩子养成自怨自艾的坏习惯。

我们看看俄国著名教育家塞德尔兹是如何帮助儿子应对挫折的吧。

小塞德尔兹不满 7 岁就完成了小学教育，这当然是值得骄傲的事情。然而他在学校的经历也有不尽如人意的地方。

比如有一次在学校组织的体育比赛中，小塞德尔兹因为年龄小而得了班里的倒数第一名。事后他非常难过，即使过了一个多星期，小塞德尔兹依然闷闷不乐。见他这样，父亲认为有必要帮助孩子摆脱这种失意的情绪。

"儿子，你还为那件事难过吗？"塞德尔兹问他。

"我真是太笨了，竟然得了倒数第一名，太丢脸了。"儿子难过地说。

"是啊，最后一名不光彩，可是你想过其中的原因没有？"塞德尔兹问。

"什么原因呢？"

"因为年龄。你想想看，你的对手都是比你大的孩子，这个很正常……"

"可是我不能因为年龄小就比他们差呀。"儿子不服气地说，"虽然我比他们小，可我的功课比他们优秀，只有体育不行，这多丢脸啊。"

"不，你这样说并不正确。智力是能通过教育和勤奋得到发展的，但年龄却是任何人都不能改变的。他们跑得比你快完全是因为他们年龄大、个子高。他们的腿比你的长很多，如果跑得还没你快，那不是太糟糕了吗？"塞德尔兹说。

"虽然有道理，可是我毕竟是最后一名，同学们都在嘲笑我。"小塞德尔兹还是很难过。

塞德尔兹知道儿子是一个对自己要求极为严格而从不服输的人。正因为如此，固执的他才会经常钻牛角尖。于是塞德尔兹进一步开导他："虽然你现在是最后一名，我想这并不能表明你的体育不行，因为这完全是因为你的年龄造成的。我肯定，等你长到十一二岁时一定会比那些孩子跑得快的。"

"真的吗？"儿子问。

"当然是真的。因为那天我问过你们的体育老师。他说你的失败完全是因为那场比赛对你不公平，他还说你的体育成绩在同龄的孩子中是最佳的，他还专门给我看了成绩单，年龄与你相仿的同学无论在哪一方面都不如你。"

小塞德尔兹似乎眨眼间悟到了一个道理，顿时从失意中走了出来。

当孩子遇到挫折时，我们的父母是否也能像塞德尔兹那样与孩子耐心地谈心，帮他战胜挫折，走出阴影呢？

28.　与孩子对着干不是所谓的"挫折教育"

究竟什么才是挫折教育呢？我们先看一个例子。

吃午餐的时候，文俊好像对妈妈做的香喷喷的饭菜一点兴趣也没有，他仍在专心致志地画他的画。"你们不是答应带我去吃肯德基吗？说话不算数。"文俊说。

"快来吃午饭，下午带你去。"母亲哄骗孩子道。

"你烧的饭有什么好吃的，我要吃肯德基。"文俊赌气道。

"你这孩子越来越不像话，以前我们小时候饭都没得吃，哪里有什么肯德基啊！"

"嘿，老是以前以前，现在是现在，人家都吃麦当劳、肯德基。"文俊顶撞道。

"真不知道天高地厚，把你送到非洲去就知道妈妈烧的饭好吃了。那里的孩子什么都没得吃，许多孩子天天饿肚子。"

"你愿意你去，我才不去！"

"你还敢顶嘴，中饭不吃，就别想吃肯德基。"

"谁稀罕！"

"平时给你吃得太好了，今天不好好饿饿你，你就不知道老娘烧的饭香！"

文俊和妈妈的"战争"或许在许多普通家庭都会有，但这种和孩子对着干的做法并不是我们平常所说的"挫折教育"。所谓"挫折教育"，应该是孩子所应具有的抵抗挫折、面对困难的一种能力。

我们来看看童第周是如何面对挫折的。

童第周读中学时，一次他考了全班倒数第一。面对成绩单，他流下了伤心的泪……

不久，童第周所在的寝室又传出了"童第周不顾学习，经常谈恋爱到深夜"的新闻，引起了关心他的老师的担忧。一天深夜，教数学的陈老师办完事回校时，发现在昏黄的路灯下有个瘦小的身影在晃动，陈老师想：深更半夜的，谁还不回寝室睡觉呢？他带着疑问走过去一看，原来是童第周正借着昏黄的路灯做算术题。"这么晚了你怎么还不回寝室休息呢？"

"陈老师，我要抓紧时间把功课补上去，我不要考倒数第一。"

陈老师望着童第周瘦小的身躯，又关心地劝他回去休息，可是童第周走出不远，又站在路灯下读起书来。陈老师被深深地感动了，他非常理解童第周的志气，为自己有这样的学生而感到自豪。

第二天，陈老师当着全班同学的面郑重地辟谣："我明确地告诉大家，童第周是一个非常勤奋好学的人！凡事不要靠推测下结论，更不要用流言去中伤别人，特别是对于一个勤奋好学的人，更不能这样！"陈老师严肃地说，"我亲眼看见了童第周熄灯后还在昏暗的路灯下专心致志地做算术题。他太辛苦，太勤奋了！他值得全体同学学习！"陈老师最后提高了嗓门，"不错，童第周曾经是班上最差的，但一个人的成绩不能仅仅用一次考试分数来评判。衡量一个人的知识和能力，最终要看他如何走自己的奋斗之路！"

期末考试到了，童第周又成了全校关注的对象。他终于靠自己刻苦的努力，使各科平均成绩达到了 70 分，其中几何得了满分，引起了全校的轰动。

在自己的努力和老师的关心下，高三期末考试时，他的总成绩名列全班第一。校长陈夏长无限感慨地说："我当了多年校长，从来没有看到进步这么快的学生！"

后来童第周回忆自己童年的时候说："在校时的两个'第一'，对我的一生有很大影响。那件事使我知道自己并不比别人笨，别人能做到的，我经过努力也一定能够做到。世上没有天才，天才是用劳动换来的。"

童第周面对挫折时之所以具有如此坚强的毅力，是和他父亲成功的早期教育分不开的。小时候有一次因为农活比较多，童第周对学习有些失去兴趣，不想读书了。父亲耐心地开导说："你还记得'滴水穿石'的故事吗？小小的檐水只要长年累月坚持不懈，也能把坚硬的石头敲穿。难道一个人的恒心不如檐水吗？学知识也要靠一点一滴积累，坚持不懈才能获得成功。"为了更好地鼓励童第周，父亲写了"滴水穿石"四个字赠给童第周，并充满期望地说："你要把它作为座右铭，永志不忘。"

如何培养呢？父母首先应该努力培养孩子的坚强意志，使他敢于独自面对困难并克服它；其次应该锻炼孩子的适应能力；最重要的是培养孩子的自信心。

家教建议：

父母在让孩子自己去尝试的同时，应随时准备着一双温暖的手，迎接不论是成功还是失败的孩子。

与孩子谈心，当他遇到挫折时帮他找出失败的原因，既像孩子的好朋友一样如沐春风，又像一位智者一样找到原因和解决方法，这样就能让孩子既能从挫折中吸取教训，又能尽快走出失意的阴影。

父母应该从培养孩子的坚强意志和自信心入手，锻炼孩子对各种环境的适应能力，这才是真正的"挫折教育"。

第三章

美德是孩子一生的基石

　　教育的根本目标是教会孩子做人，培养"人"比培养"才"更加重要。

　　教育必须立足于培养一个具备健康人格的现代人，做一个诚实和善良的人，所以，教育绝不仅仅是一种技术，而应当是一种素养，一种大智慧。最幸福的人和达到了最理想目的的人，都是那些养成了一个普通公民应具备的善良品质的人。

父母是孩子最好的榜样

为了培养孩子的品德，父母的行为要自慎，应处处做孩子的表率。

——（美国）斯特娜夫人

日本青少年研究中心曾主持过一项调查，问卷对象选择了日本15所高中的1300多名学生，美国13所高中的1000多名学生，中国内地21所高中的1200多名学生。在"谁是你最尊重的人？"一问里，日本和美国的学生将"父母"作为第一选择，而在中国孩子的心目中，父母位列十位以后。

专家分析，这表明代代传递的父母偶像在我国这一代独生子女眼里已经越来越弱。

没有爱就没有世界。大文豪雨果说："人世间没有爱，太阳也会死。"孩子心中爱的种子，是母亲播种的。

教育不需要严厉的呵斥。孩子的眼睛就像一台照相机，每天都在记录着周围的一切。父母对于孩子来说，是最亲近也是最重要的人，在孩子心目中，父母应该是安全的保障，是知识的来源，是他学习的榜样，父母的形象应该是最完美，最值得敬佩的。

孩子在不知不觉中，随时留意着父母做人的态度。他是看着父母的背影长大的。

天下的母亲都爱孩子，但不一定都会爱孩子。邓颖超曾经告诫过我们："母亲的心总是慈的，但是慈心要用得好，如果用得不好的话，那结果就适得其反。"爱心是从小培养的，也是从点点滴滴的小事积累培养起来的。

29. 种瓜得瓜，种豆得豆

"种瓜得瓜，种豆得豆。"在孩子心灵这片土地上，从小播下"助人为乐"的种子，长大后，他们就会关心周围人的感知，多为大家办好事，体验到完美人生的快乐；如果种下"自私自利"的种子，孩子长大后只会关心鼻子尖底下的丁点儿小事，怎么能有所作为，又怎么能获得快乐呢？

假如家长在孩子心中种下自私的种子，尝到的将是无情的果子。

"这一代独生子女自私，冷漠，不关心人。"无数份关于当代少年儿童思想道德的调查中如是说。有些年轻妈妈，含着泪向心理学家们诉说了自己孩子的无情。

一位家长这样写道："我很爱我的女儿，我工作那么忙，起早贪黑地为她做了许多事，可她却认为这些都是应该的，一点不领情。一次，我生病了，早上她上学时明明看见了，可放学回到家，看我还躺在床上，就生气地把书包往床上一摔，冷冷地说：'还不起来做饭，懒猪！'当时，我的心都碎了。你瞧，我把她养到十几岁，有什么用？"说到这里，她满脸都是泪水。

俗话说：女儿是妈妈贴身的小棉袄。女儿本应该最关心妈妈，妈妈的一点儿变化女儿都该最先发现。可这个女儿却这样对待妈妈，妈妈能不伤心吗？

有一名三年级男孩子的妈妈，无奈地说："别看我的孩子小，可是特别自私。全家人去饭店吃饭，他点的一盘红烧带鱼，别人谁也不许动，哪怕吃不了扔了。他说，那是他的。"

不少妈妈伤心地得出这样的结论："嗨，我算是看透了。孩子我是指望不上了，只好自己照顾自己了。"许多学校的老师也反映：现在的学生自私，特别是一些学习好的、当干部的学生，反而表现得更加自私。

北京朝阳区某学区举办小干部培训班，请"知心姐姐"卢勤去给学生们讲"手拉手"互助活动。

开课前，学区的总辅导员对卢勤说："有件事您得跟学生们说说，前几天，我们带600名学生干部乘车外出。这些学生上车就抢座位。由于座位没有那么多，必然有站着的。老师们是最后上车的，全站着。

有一位老师五十多岁了，身体有病，站得腿都肿了，也没有一个同学给她让座。这位老师实在支持不住，准备坐在过道上。刚要坐，一名女同学就嚷起来：'老师您可千万别坐在我的包上，我的包不能坐。'这位老师十分伤心，回来对我说：'别说其他同学了，就连我平时最喜欢的几名小干部，都没有一个给我让座的。'"

妈妈的哭诉，老师的伤心，让我们的心灵受到极大的震动。

一个人不爱父母，又何以爱他人？当妈妈的含辛茹苦，把孩子养大，一心想让他出人头地，但是只关心了他的分数，却忽略了教他如何做人。终于有一天，他真的进入高等学府，甚至走出国门，却对你无情无义时，你是应该哭，还是应该笑？

香港《镜报》总编、89岁高龄的徐四民老人，十分关心中国独生子女的教育，他曾说："现在美国有些青少年变得冷酷无情，亲手把父母杀了，把母亲的血涂在汽车上哈哈大笑。你说，这有多么可怕！我们中国可要重视对青少年思想道德的教育。"

我曾经看到某些父母在餐厅里点上一盘大虾，自己不吃，温柔开心地看着孩子横扫一盘大虾……我很担心一个小孩一次吃一盘大虾营养不过剩吗？另外一盘大虾一个人吃，小孩子懂得什么叫分享吗？

孩子们的世界最初是一张白纸，父母选择不同地描绘就会呈现不一样的色彩。独生子女父母一切都可以以小孩子为中心，也可以家庭成员相对都平等，每个人都有正常的需求。10个虾，孩子吃4个，父母各吃3个，这样不行吗？如果你舍不得吃，那3个，你谦让给孩子吃，但是至少要让孩子知道这3个虾是父母让给他的，只有这样的教育，孩子在学校、在社会上才会懂得与别人谦让和分享。谦让和分享不仅能够让孩子很快融入新的集体，也能让孩子得到来自大家的关心、支持与帮助。

每一个孩子都是父母的宝贝，但是在学校里宝贝就是每一个同学，在社会上就是每一个公民，在单位中就是每一个同事，在社区里就是每一个业主……宝贝这个角色只是属于父母与孩子之间的，而且这个角色是短暂的。所以，父母一定要懂得并且智慧地指导孩子怎样去做，才能有相对顺利、正常的人生之旅。

30. 帮助别人就是帮助自己

美国作家马克·吐温曾说："多做些好事情，不图报酬，还是可以使我们短短的生命很体面和有价值，这本身就可以算一种报酬。"

"助人为乐"这四个字，蕴含着人世间至真至诚至美的奇妙含义。"助人"为什么会快乐呢？因为可以从帮助别人的过程中发现自己的生存价值。由于你的帮助、付出，使对方的困难得以解决，使别人的不便变为方便。这其中显示了你的价值，自然令你有一种成功的体验，觉得自己还有点用呢！正如歌德所说："你若要喜爱你的价值，你就得给人创造价值。"还有一点值得一提，就是父母的榜样作用不可替代。

在一个居民区里，住着好几户人家，他们共用着楼道、厨房和卫生间，因此打扫这些地方成了大家分内的事。佳佳就是其中的一员，她妈妈经常主动打扫楼道、厨房和卫生间的卫生，还特意买了刷子、纸篓等物品，毫无怨言。

有一天，佳佳又看见妈妈在打扫那些地方，就对妈妈说："妈，您真傻。自己掏钱买刷子，让大家公用，还经常倒纸篓，扫楼道。这些别人都没干，您为什么这么积极呢？"妈妈微笑着对女儿说："为大家服务是应该的！"

第二天晚上，佳佳在家写作业，写着写着钢笔没有墨水了。她在家找了一会，发现墨水已经用完了。此时天色已晚，商店早就关门了，怎么办呢？作业还没写完呢！佳佳焦急地望着妈妈，妈妈也感到无可奈何。正好住在隔壁的李阿姨来串门，她发现了佳佳的难处，就摸着佳佳的头说："不用着急，我家有。"说完，她赶忙回家，不一会儿，就拿来了一瓶墨水，笑着对她们说："这墨水你先用着，等我们要用的时候再来拿。"于是，她放下墨水就走了，佳佳连忙道谢。

这时候，妈妈故意对佳佳说："这个李阿姨真是太傻了，将自家的墨水送给别人，她能够得到什么好处呢？"听了妈妈的话，佳佳愣住了，似乎一下子明白了一个道理，忙说："妈妈，这不叫傻，这叫互相帮助。"

妈妈见佳佳明白了其中的道理，非常高兴，又趁机说："佳佳，你说得对，李阿姨身体不好，刘叔叔工作忙，每天早出晚归，非常辛苦；王阿姨家有一个一岁的孩子，每天忙得不可开交；孙爷爷年纪大了，儿女都不在身边，没人照顾。大家住在一起，就好比一家人，应该互相帮助，这样才能和睦相处。"

听了妈妈的话，佳佳惭愧地低下了头，红着脸说："妈妈，我错了。只有互相体谅、互相帮助，才能开开心心地一起生活。"

真诚地帮助别人，让别人得到快乐，才能够在自己最需要帮助的时候得到关怀，并快乐地度过每一天。

然而，一个偏私的母亲，对于孩子是最可悲的领导者。自私、冷漠表现在孩子身上，那么责任在谁呢？是谁种下自私无情的果子？

有些年轻的妈妈自己的道德标准发生了质变，认为孔融把大梨让给别人，纯属"弱智"。几千年来，中国母亲用来教育子女学会谦让的传统美德，被几句粗鲁的话毁于一旦！她只想着不让自己的孩子吃亏，可没有想到，教育是从母亲膝下开始的。凡母亲所说的话，都会影响到孩子的品格。孩子吃个小梨，并不会影响身体健康，而母亲自私的溺爱教诲，却会使子女和自己品尝恶果。

让一个梨，看起来是小事，但对成长中的孩子来说可是天大的事。正像一位朴实的农民妈妈讲的："孩子的心是块空地，种什么长什么。"种下自私的种子，自然会结出无情的果子。

对我们年轻的父母来说，这唯一的孩子是属于你的，但是对我们中华民族来说，这个孩子是要担负重任的。当你溺爱他时，你可能在想："孩子还是孩子！"可是你忘记了，孩子终要长大成人。一个孩子的未来命运永远是母亲的工作，从这个意义上来说，一个民族未来的命运也同样掌握在今天年轻妈妈的手中啊！

可以想象，一个从不爱父母、不爱同学、不爱老师的孩子，长大后能爱祖国、爱人民吗？一个不爱国、不爱家的人，能够尽心尽力地去建设中国 21 世纪的大厦吗？

母亲不仅仅属于家庭，而且属于中国。是无数伟大的母亲，养育了一代中华民族的优秀儿女。我们能有今天，首先应该感谢我们的母亲。

今天，我们当了母亲，在我们手中将产生肩负大任的新一代。如果我

没有教不好的孩子，只有不会教的父母

们漫不经心，如果我们过度溺爱，如果我们在孩子心中埋下自私的种子，我们今后必将自食恶果！每一位有成就的人背后几乎都有一位伟大的母亲。

孩子不仅仅是父母的孩子，也是整个民族、整个国家甚至全世界的孩子！

31. 让孩子帮助同学并不吃亏

帮助别人就是帮助自己，在孩子的学习问题上，这句话具有深刻的含义。

首先，帮助孩子，让孩子更对自己有要求。 当孩子主动地帮助别的同学的时候，他的大脑处于学习的最佳境界，因为，他一定会努力像老师那样高明地思考问题，我们通常说"要教给别人一杯，自己得先有一桶"。为了能帮助同学，孩子在心理上就会为自己提出更高的要求，这样一努力，对于知识的掌握和理解就会有一种"会当凌绝顶"的感觉，很容易就超出自己原来的水平。

其次，帮助别人快乐自己。 当孩子无私地帮别的同学的时候，心中是自豪的、宽容的，当他全身心投入的时候，无形之中冶炼了自己的自信心，对于下一步的学习，就会更加充满热情和活力，因为他学习的价值在帮助别人的时候得到了充分体现。

第三，帮助别人，人际关系更和谐。 当孩子乐于帮助别的同学的时候，对于竞争和合作就会有更加准确的理解，他甚至会认为，竞争实质上就是一种合作，在这样的状况下，对于在班级、学校中的学习就会有更高层次上的主动性和积极性，学习起来，就更加从容、豁达、有效。

那么，鼓励孩子帮助同学，帮助什么内容呢？无私不是"无底线"，比如代替做作业就不是无私的，恰恰是自私的，不是吗？你代替了别人做作业，实质上就是代替了同学应付老师，代替了同学思考，实质上就是不想让同学进步。所以，于人于己都是自私的。所以，帮助同学也应该正面、正确地帮助，比如基本概念的掌握、理解，考试错题的分析，难题共同讨论，而不是简单地抄题。

我们父母怎样才能有效培养孩子的友善与助人的性格呢？

◎ **父母必须做出榜样**

父母要在生活中热心帮助弱者，帮助有需要的人。在这个社会中，只有互相帮助，才能构成一个完美的世界。当然，帮助别人一定不是为了获取什么，而是一种无私的、坦荡的自觉。

◎ **鼓励孩子从小做起**

无论是生活上还是学习上，鼓励孩子帮助同学时，事情不分大小，而在于用心、主动去帮忙，从小事做起恰恰是培养助人为乐习惯的关键。所谓用心，就是坚定地认为，别人的事情一定比自己的事情重要。

◎ **注重可实现性**

父母需要经常强调的原则和道理，一定要有可实现性，结合自己学习的实际，使用自己的长处去帮助同学，逐渐形成方法。

◎ **注重帮助的有效性**

孩子帮助别人之前，首先是自己能够胜任，不要因为帮助别人以后，自己反而需要别人帮助；另一方面，帮助别人要有的放矢，不要帮了倒忙。

家教建议：

苏联教育家苏霍姆林斯基讲过："母亲的安宁和幸福取决于她的孩子们。母亲的幸福要靠孩子、少年儿童去创造。"所以母亲更要培养好自己的孩子。母亲应该认识到"自私是人类万恶之源"的真理，要在品格上严格引导、要求孩子！

年轻的妈妈们，跳出个人狭隘的天地，用博大的胸怀、高尚的人格塑造自己，用崭新的母爱去培养孩子，为我们的民族创造美好的明天！

身教重于言传：责任感的培养

你要记住，在敢于担当培养一个人的任务之前，自己就必须要造就成一个人，自己就必须是一个值得推崇的模范。　　——（法国）卢梭

责任感是一个人的魅力所在，也是优秀的人身上特有的品质，纵观古今中外许多成功名人的例子，不难发现，在他们身上，有一个共同的特点，那就是，他们无不负担起相应的责任，有着极强的责任感。

对自己负责，才能对更多人负责，才能对社会负责，对国家负责。是否具有责任感，是衡量一个人是不是现代人的重要标志。

没有责任心的孩子是永远长不大的孩子。不难想象，一个人如果在儿童时期事事依赖别人，没经受过独立做事的锻炼，在成年之后将难以独立于社会，更难以成为国家需要的栋梁之材。

责任感的教育应当渗透在一时一事中、一言一行中。其中，父母们特别要注意对孩子所犯过失的处理。在这种时候，父母应当保持理智和冷静，尽量不要大声训斥，更不要夸大其词恐吓孩子，而应当实事求是地讲清道理，明确指出弥补过失的办法。

在一定意义上讲，也可以把孩子发生过失的时刻称为关键时刻，因为能否处理好过失对孩子今后的成长具有关键作用。如果处理不当，孩子也许会毫不在意责任心，或者用过于恐惧而导致精神崩溃；如果处理得当，孩子可能会吃一堑长一智，由此走向成熟，成为一个富有责任感的现代人。所以，不论孩子有什么过失，只要他有一定的能力，就应当让他承担责任，这是现代父母的真正爱心。

负责任的表现有如下几个方面：

◎ 自己的事情自己做；

◎ 经常反省的习惯；

◎ 正确面对过失，勇于承担责任；

◎ 在家庭和学校中承担具体责任；

◎ 服务他人的习惯，有社会责任感。

32. 身教重于言传：从小种下责任的种子

只有对自己负责的人，才有可能对家庭及社会事务负责。

有些家庭里，每天早晨叫孩子起床、上学要经过一场"混战"。为此，许多年轻妈妈问：早上，孩子不肯起床怎么办？

首先要让孩子明白，上学是他自己的事，妈妈爸爸没有义务替他"包办"一切。学生就应该按时起床、准时上学，根本不能迟到。遇上刮风或雨雪天气，要提早一些起床，早一点出家门，坐不上车，走也要走到学校，按时上课，这就是学生的责任。这份责任，父母有必要在孩子上学的第一天就让他们明白。孩子刚刚入学，你可以送他一件礼物：一个可爱的、会叫的小闹钟，并告诉他："以后你要跟小闹钟交朋友。每天早晨它一叫你，你就一定要起床，再困也得起来。妈妈爸爸不再叫你，上学迟到的话，由你自己负责。"这样坚持三五天，孩子的生物钟调整过来了，到时小闹钟一响，他会自己起床的。

说实在话，我们替孩子做得愈多，照顾得愈周到，孩子们就愈是不会料理自己的事情。今天这些依赖性很强的儿童，注定会成为明日无能的父母！

很多身为母亲的人都会悟得这样的道理：做父母的，能够给予子女最好的礼物，应该是"根"和"翅膀"，也就是责任之根与独立之翼。如果缺少了这两样东西，结果只会给父母惹来烦恼，甚至给家庭带来悲剧。

如何在孩子幼小的心田里播种下责任的种子呢？许多妈妈爸爸积累了不少成功的经验。**其中最重要的一点就是：让孩子自己决定。**

培养责任感的另一个办法：在家里要给予孩子参与劳动的机会和岗位。

古代早有"不扫一屋何以扫天下"的教育名言。现在，许多年轻的父母包办了孩子的一切，家务活根本不让孩子插手，如果孩子有心帮助大人干点什么，大人便会说："把你的学习抓好，考试分数上去了比干什么都强，家里的活不用你干。"这样的家长可真糊涂，如果孩子不干活，就不会对这个家表示关心，久而久之，可能会变得自私冷漠，好像是这个家的"局外人"。到那时父母醒悟过来，再埋怨孩子不干活，就已经太晚了。

身教胜于言传，假如父母要求孩子的是一套，自己做的是另外一套，那么孩子可能就会以为父母言行不一，也就不再相信父母所说的话了。身教胜于言传，这话一点也不假。请看郁达夫的"买鞋风波"。

郁达夫很小的时候父亲就去世了，一家六口的生活重担都落在母亲的肩上。郁达夫读初中时学习成绩一直名列前茅，在第一学年结束时，受到知县嘉奖，并跳级升班，一举成为富阳城里的"知名人物"。在荣誉和赞扬声中，郁达夫逐渐产生了虚荣心，并开始讲究穿着打扮。

第二学年开始时，郁达夫向母亲提出要买一双皮鞋。他觉得黑制服下配一双闪亮的皮鞋一定很神气。然而，他没有想到，自己给母亲出了一个多大的难题。母亲为了满足儿子这个小小的要求，想尽办法仍筹不够款。无奈，只得去"赊欠"。她带儿子走了一家又一家鞋店，都没有赊成。每进一家商店，掌柜的起先都是笑脸相迎，客客气气把一双双皮鞋拿出来给郁达夫试穿，当他们一听到希望"赊欠"时，立刻白眼相对，收起皮鞋，不再理睬了，有的甚至还要说上几句刺耳的话。到最后一家商店被拒绝之后，母亲的眼睛里已浸满了泪水。这时的郁达夫开始有些醒悟了。他低头默默地跟母亲回家。

到家后郁达夫仍在想买鞋的事，不一会儿听到有人下楼，他抬头一看愣住了。只见母亲手里拿着一包衣服，准备出去用卖衣服的钱来买回皮鞋。看到这一切，郁达夫非常难过，他恨自己不懂事，觉得自己不该让母亲如此为难。

这件事教育了郁达夫，使他懂得了生活的艰辛。郁达夫扑到母亲怀里哭道："娘，你别去了，我不要皮鞋了。"

买鞋风波很快过去了。但它对少年郁达夫的触动很大。母亲用行动教育了郁达夫。他暗下决心，发誓一定要刻苦读书，为穷苦人争气。

1910年冬,郁达夫以优异的成绩考入了当时著名的杭州府中学。以后,郁达夫又去了日本留学。可以说,这正是郁达夫母亲重视身教的结果。

"地是种出来的,事是干出来的。什么时候不劳动也不行。"这是一位农民父亲教育子女的话。"不劳动者不得食",我们应该让孩子体验到,如果我们把孩子培养成"不劳而获"的人,那将来大家都会没有饭吃。

让孩子在家里有固定的工作,如洗碗、扫地、拖地板、擦玻璃、取牛奶、拿报纸等天天都要做的事情,分几件给孩子干,并且负责到底,有利于帮助他们了解生活、了解父母。

对孩子所做的工作,家长要给予认同,以赞赏作为给孩子的奖励。如果用金钱来奖赏孩子的劳动,最终会培养其浓厚的功利心。

在中国家庭中,我们更提倡家人之间彼此的独立和帮助,为家庭分担家务活是每一个家庭成员都应该积极去完成的,而不能用金钱来衡量。

33. 责任感的源泉

当然,孩子难免会犯些错误,有些父母常常在事前提醒,事后责骂,千方百计去补救,结果是大人操碎了心,磨破了嘴皮,孩子却一点感觉也没有,甚至还嫌大人烦。下次呢,该错的还错,该忘的还忘。

王晶女士是福建师范大学外国语学院的院长助理,曾被评为"全国优秀家长"。她的女儿黄思路在上小学的时候曾被评为"全国十佳少先队员"。上中学的时候,黄思路就出版过两本书。

为了培养女儿的责任感,王晶女士的做法与其他父母大不相同,当女儿做错事的时候,让她"自作自受",自己承担错误的后果。先去"吃一堑",然后"长一智"。王晶讲了让女儿"吃堑长智"的故事。

有一次,学校排练节目,8岁的女儿走得匆忙,忘了带伴奏磁带。王晶发现了,却没作声。她想,女儿常忘东西,提醒她一次,她的依赖心理就增加一分,那么以后就还得提醒一百次、一千次,不如让她受点挫折,让事实来教育女儿。黄思路快到校门口才想起来,于是打电话给妈妈,请妈妈赶快把磁带给她送去。

当时，王晶正好放暑假在家，完全有时间给女儿送去。但她没这样做，只对女儿说："你自己犯的错误，不应该惩罚妈妈。你自己想办法解决吧！"

黄思路没有办法，只好向老师说明情况，把节目顺序调一下，然后骑车顶着烈日回家去取伴奏带。王晶说："我让她多跑了这一次，后来她却少跑了无数次，因为她记住了这个教训。"

曾经有人问黄思路："回过头来看，你觉得妈妈的做法对吗？"

黄思路笑着回答："我觉得对。'自作自受'使我知道无论我做什么事情，后果都是要自己承担的。所以我做事就很负责。"

培养一个负责任的人，是要经过不断地吃一堑长一智的过程的。

世界各地的父母都在寻找培养孩子责任感的方法。在许多家庭里，父母希望通过日常琐事来找到这个问题的解决方法。倒垃圾、做饭，给草坪割草，洗盘子等，父母相信这些行为对培养孩子的责任感是有效的。而事实上，这些日常琐事尽管对持家很重要，但是可能对培养责任感并没有积极的影响。

很明显的事实是责任不可以强加。责任感只能从内心产生，由从家庭中和社区中吸取的价值观中慢慢培养和指导。没有积极的价值观来支撑的责任感，那么任何一件事情都很难坚持做下去。

我们希望孩子能成为有责任感的人，同时希望他们的责任感来源于最高的价值观，包括尊重生命，关注人类的幸福，用常见的词汇来说就是：同情、责任和人道。我们可以先从小事情上培养孩子的责任感，把乱糟糟的房间进行收拾归纳，上学迟到改变为提前到校，作业写得更认真，对业余兴趣班变得更投入……

尽管孩子可能很礼貌，把自己和房间都收拾得很整洁，家庭作业也做对了，但是他们还是会做出不负责任的决定，特别是那些整天被告诉该干什么、干什么的孩子，父母要让孩子有机会去实践自己的判断能力，有机会自己做出选择、培养自己内心的标准，做出负责任的决定。从而在成长中，精神上会变得自立，能够像成年人一样选择适合自己的伴侣和工作。

孩子只会被那些他们爱戴、尊敬的人同化，通过模仿他们，孩子们吸收了他们的价值观，并且成为孩子自己价值观的一部分。

这样一来，孩子责任感的问题再次回到了父母身上，或者更精确地说，回到了父母的价值观问题上，父母在教育孩子的过程中表达出来的价值观能够加深父母和孩子之间的感情。

当遇到孩子强烈情感爆发时，许多父母甚至老师是拒绝、否认、压制，或者美化，他们会使用一些没有帮助的断语：

否定：你并不是真的像你说的那么想的，你知道你爱你的弟弟。

否认：问题不在你，你只是这一天很倒霉，心情不好罢了。

压制：如果你再说一次"恨"这个字，我会狠狠揍你一顿。好孩子不会感觉到恨的。

美化：你并不真的恨你姐姐，可能你不喜欢她，在我们的家庭里，我们没有恨，只有爱。

孩子的情感就像一条河流，如果没有正确引导，就会泛滥。我们在面临这些问题的时候，一定要尊重真实的生活和学习状态上，找到一种真实、真诚的方式去认识和解决问题，从而逐步形成孩子正确地完成一件事情，同时也建立起了自己的责任感。

家教建议：

父母的行为，对年幼的孩子有直接的影响。好习惯孩子会模仿，坏习惯孩子也会模仿，等到我们发现孩子的恶习，再想着纠正时，可能就很困难了。

通过让孩子理解社会对他的道德要求，训练他对道德情境的正确感知，使他们学会对自己负责，对自己的行为结果负责，这样，孩子才能建立自己持久坚定的责任感。

做一个有爱心的人

屋是墙壁与梁所组合的，家是爱与梦想所构成的。

——（印度）泰戈尔

2005 年 2 月至 4 月，北京大学社会调查研究中心"专课北大"课题组对北大的本科生进行调查。

同学们认为自己考上北大最重要的原因如下：第一是自己用功勤奋，25.7% 的人认为这是他们考上北大的重要原因；第二是从小就有明确的人生理想及相应的学习目标，18.6% 的人选择这一项作为成功的重要原因；还有 12.1% 的人认为是父母的信任与关爱是他们考上北大的重要因素。

个人无法选择自己的出身和家庭，但是可以选择自己的人生道路和人生理想，每一位父母也都可以选择爱和信任，做这样父母的孩子真的是非常幸运和幸福的事情。

可以这样说，爱是无价之宝，同时爱也是不用支付任何货币和时间就能拥有和付出的神奇之物。

34. 爱心永远激励人生

泰戈尔曾经说过：爱，是能够把不同信仰的人们团结在一起的统一力量。爱的力量如此伟大，不仅让人团结，还会让人变得善良和美丽。可以说爱是一切美好事物的土壤。

路易莎·梅·奥尔科特一直受到美国女孩子的欢迎，她写的《小妇人》是美国家喻户晓的作品。在小说里描写了一群社会底层小人物的家庭生活，小说开篇就是四姐妹由于生活贫穷，不得不接受母亲的建议取消圣诞礼物，她们在困境中相互取暖，并得到心灵的慰藉，借此实现了主人公们的自我成长。小说中马奇家四姐妹，集真、善、美于一身，她们的母亲慷慨无私、乐于助人、不轻易动怒、感恩生活。在孩子眼里，她不仅是一位好妈妈，也是孩子们的知心朋友。她们给妈妈吐露心事和烦恼，妈妈也给她们建议和帮助。正是因为马奇太太独辟蹊径的教育观，使四姐妹拥有了善良、勤劳、无私、宽容、坚强等美好品质，成为人见人爱的小妇人。在她们身上所表现出来的形象，打动了无数女性读者的心。这部小说自诞生以来，虽然简单真实，却感人至深，多次被改编成电影，是世界最畅销优秀的作品之一。

小说中的乔，就是作者以本人为原型创作的。她热爱写作，一方面写作给她带来快乐，另一方面写作让她保持自立，通过自己坚持不懈的努力成为作家，并且在婚后也坚持自立。

现实生活中的作者路易莎·梅·奥尔科特和母亲非常亲近，正是在母亲的激励下，她才选择并坚定了写作道路。奥尔科特刚开始并不成功，她做过好几种职业，正是因为母亲自始至终的激励和肯定，奥尔科特才能坚持写作。奥尔科特不仅养活自己，并且非常勤奋地写作，随着《小妇人》的出版，她终于实现了自己许下的诺言——让母亲过上"她从未体验过的安逸、舒适的幸福生活"。

正如但丁所说：爱是美德的种子。没有伟大母亲的爱，历史上就不会有那么多伟大人物的产生。历史上许多伟大的人物都得益于伟大母亲的爱的教育。

在中国同样也有一位超级父亲，梁启超写给孩子们的信，在称呼上为宝贝，在思想上分享人生经验心得多过指导，在经济上多给孩子支持和帮助，可以说是传统中国的典范父亲；是今天许多父亲学习的榜样。正是梁启超的拳拳父爱，让孩子们如沐春光，所以在日后每个人都发挥自己的特长，成为对自己、对家庭、对国家负责任的人。

35. 不要用爱的名义绑架孩子

父母对孩子，孩子对父亲之间的爱应该说是一种最自然也最天然的情感。但是在日常生活中，我们听到最多的是父母的抱怨，抱怨的原因是"我为你做出了许多牺牲，你应该……"

其实，做父母对于任何人来说都是一门新的学问。怎样才是一名合格的父母，也是每一父母必须自动自发深思的问题。

在父母和女儿之间应该遵循这样一种爱。

父母既要照顾未成年孩子的衣食住行，又要给他们创建一个相对安全、安静的学习环境，还要以身作则养成他们生活中、学习中的好习惯，更要把孩子培养成一名有爱心的人。父母的爱不求回报，希望孩子们长大以后同样用无条件的爱去爱自己的后代，这样的爱才是一种可以被传承的爱的最佳方式。

用爱绑架孩子，只会激起孩子内心的反感。有些孩子在考上大学、参加工作以后经年累月不再回家，也不与父母交往。孩子从来没有感受到父母的爱、理解、信任与温暖是最失败的人际关系。

在父母和孩子之间一定要建立起一种终生的朋友似的关系。记得中国早有这样的俗语："多年父子成兄弟"，也就是说当孩子小时候，我们是父母；当孩子成年时，我们是朋友；当我们是老人的时候，孩子是我们的亲人。相互欣赏、相互关爱对方，一定会让每一个家庭成员在社会上无论成功或失败，都有一个心灵的港湾。

孟子说："爱人者，人恒爱之；敬人者，人恒敬之。"这句话特别适合今天的家庭教育，当我们全心全意爱着孩子的时候，我们就会更了解和理解孩子；当我们愈发了解他们，才能更好地帮助和支持他们；当我们有更深厚的爱，才能更有耐心、恒心持久地关注孩子，更加有信心、有希望和孩子创建一个美好的明天！

做一个诚实的人

诚者，天之道也；思诚者，人之道也。　　　　——（中国）孟子

有一位中国留学生在英国读硕士。小伙子在实验室里成绩非凡，很受赏识。一天，导师说："××先生，明天我要外出开会，您能一个人在实验室工作吗？"小伙子连连点头。第二天，导师走了，小伙子拼命打公费的国际长途电话。月底结账时，导师发现电话费很高，一核对恰好是她外出那一天电话费最高。她问学生："××先生，那一天是您一个人在实验室工作吗？"小伙子点头。导师又问："那么，您打国际电话了吗？""没有。"小伙子一口否认。导师什么话也没说，内心里却非常愤怒，第二天宣布辞退了这名学生。也许，有些人不把撒谎当回事，可在许多国家是难以容忍欺骗的，更不肯与撒谎者共事。

坦率地说，儿童说谎的一个重要原因，就是成年人的不良影响，或让孩子因说真话而受惩罚，或自己就常常说谎。实际上，谎言是灾难的导火索。作为父母，如果对孩子守信用，孩子就会仿效。当孩子诚实守信时，父母也要及时鼓励孩子。

请记住，孩子撒谎有三大原因：一是说真话受到了惩罚；二是为了逃脱困境；三是把想象中的事当真的说了出来。只有让说真话的孩子得到鼓励，而让说假话的孩子受到惩罚，并持之以恒，才会让孩子逐步养成诚信的好习惯。

36. 被父母激发的谎言

多数时候，父母不应该问那些可能导致孩子防御性撒谎的问题。孩子讨厌被父母质问，特别是当他们怀疑父母已经知道答案的情况下，他们厌恶那些设圈套的问题，厌恶那些逼迫他们在笨拙的谎言和尴尬的坦白之间做出选择的问题。

九岁的小明打碎了父亲送给他的一辆新的玩具小卡车，他吓坏了，把碎片都藏在地下室里。当父亲发现卡车残片时，他很生气，问了几个问题，最后导致了一场激烈的争吵。

父亲："你的新卡车呢？"

小明："在什么地方吧。"

父亲："我没看见你玩它。"

小明："我不知道它在哪儿。"

父亲："去找，我想看看。"

小明："可能卡车被什么人偷走了。"

父亲："你这个该死的说谎的孩子！你打碎了卡车！别以为你能混过去，如果有什么让我厌恶的事情，那就是说谎的人！"

这是一场不必要的争吵。小明的父亲不应该偷偷扮演侦探和检察官的角色，不应该称自己的儿子是个说谎的孩子。如果小明的父亲这样说，会对他的儿子有帮助得多："我看到你的新卡车坏了，它不经玩，真遗憾，我知道你真的很喜欢它。"

孩子可能因此获得有价值的教训：爸爸能够理解。我可以告诉他我闯的祸。我必须更好地保管他的礼物，我应该更小心点。

因此，问那些我们已经知道答案的问题，不是个好主意。例如，一边看着脏乱的房间，一边问："我让你打扫房间，你有没有扫？"或者知道女儿今天没有去上学，还继续问："你今天上学去了吗？"这样的话更好一点："我看到你的房间还没有打扫。"或者，"我们听说你今天逃学了。"

为什么孩子会撒谎？他们撒谎有时是因为不被允许说出真相。

八岁的甜甜非常生气地冲进起居室，向他的妈妈抱怨说："我恨外婆！"他的妈妈大吃了一惊，回答说："不，你不该恨外婆，你应该爱外婆！在这个家庭里，我们没有憎恨。而且，外婆送你礼物，带你出去玩，你怎么能说出这么可怕的话呢？"

但是甜甜坚持说："不，我恨她，我不想再看到她。"这下，妈妈真的不高兴了，她决定换一种更激烈的教育方式，于是动手打了甜甜。

甜甜不想再接受惩罚，于是改变了论调，他说："妈妈，我真的很爱外婆。"妈妈是如何回应的呢？她拥抱了甜甜，并亲吻了他，赞扬他是个好孩子。

这种前后变化让小甜甜学到了什么？说真话、告诉妈妈自己的想法是危险的。说真话时，你受到惩罚；说谎时，你得到爱。真话伤人，要远离真话。妈妈喜欢说谎的小孩子，妈妈只喜欢听让人高兴的真话，告诉她希望听到的话，不管你真实的想法是什么。

如果甜甜的妈妈希望教导甜甜说真话，那么她该怎么回答甜甜的抱怨呢？

她可以承认他的不高兴："哦，你不再爱外婆了。你能不能告诉我，外婆做了什么让你这么生气？"他可能会回答："她给宝宝买了一件礼物，却没给我买。"

如果我们希望教育孩子诚实的品德，那么我们必须作好心理准备，既要听让人愉快的真话，也要听让人不高兴的真话。如果要想孩子在成长过程中保持诚实的品质，就一定不能鼓励他们隐瞒自己的想法，不管这些想法是积极的、消极的、还是矛盾的。

37. 诚实是一种难得的美德

美国著名儿童心理学家基·诺特分析儿童说谎的原因说："说谎是儿童因为害怕说实话会挨骂，而寻求的一个避难所。"这话是很有道理的。

孩子一方面被教导"不要说谎"，另一方面却又会因说实话而受责备。这种矛盾是造成孩子为自卫而说谎的主要原因。所以，我们也可以说，在通常情况下，是大人给孩子造成了不得不说谎的形势。因而，杜绝孩子说谎的最佳对策是不追究，让孩子消除说实话的顾虑，而自觉地不去说谎。

　　有一位7岁的男孩，看父亲吸烟觉得很好玩，趁父母不在时点燃一支烟，刚刚吸了一口，母亲回来了，他便慌忙把燃着的烟藏在沙发垫子底下。母亲回家取了钥匙，便又匆忙走了。

　　就这短短的一两分钟，沙发垫烧了个窟窿。

　　中午母亲回家，闻到了一股烧布的味，便问孩子烧了什么，儿子摇摇头什么都没说。

　　后来，母亲洗沙发垫的时候，发现沙发垫上有窟窿，是烧的，想起了曾经发生过的事情，便问儿子，儿子还是摇摇头。

　　母亲问急了，他便说是父亲吸烟烧的。

　　母亲很有心计，一分析就认为可能是孩子所为。

　　于是母亲便对儿子说："我们不喜欢撒谎的孩子，如果是你烧的就该承认，我们认为说了真话的孩子才是好孩子。"

　　在母亲的教育下，孩子最终承认了错误，说出了事情的真相。

　　有些母亲认为孩子小，有时撒谎还觉得挺可爱的。岂不知养成了撒谎的习惯，便失去了做人的美德。与人交往，人家不信任你，怎样在社会上站住脚？

　　美国一位心理学家为了研究早期教育对人生的影响，在全美国选出50名成功人士和50名有犯罪记录的人，分别给他们去信，请他们谈谈母亲对他们的影响。

　　在后来收到的回信中，有两封给他的印象最深，一封来自白宫的著名人士，一封来自监狱服刑的犯人，他们谈的都是同一件事情：小时候，母亲给他们分苹果。

　　那位来自监狱的犯人在信中这样写道：

　　小时候，有一天妈妈拿来几个苹果，红红绿绿，大小各不相同，我一眼就看出中间的一个又大又红的，十分喜欢。

　　这时弟弟抢先说出了我想说的话，妈妈瞪了他一眼，责备地说：好孩子要学会把好东西留给他人，不能总想着自己。于是我灵机一动，改口说：妈妈我想要那个最小的，把大的留给弟弟吧。

妈妈听了，非常高兴，在我的脸上亲了一口，并把那个最大的苹果奖励给了我，我得到了我想要的东西。

从此我学会了说谎，学会了不择手段，学会了打架，学会了偷、抢，反正我可以使用一切手段去争取自己想要的东西，直到现在被送进监狱。

那位来自白宫的成功人士是这样写的：

小时候，有一天妈妈拿来几个苹果，我和弟弟都争着要大的，妈妈把那个最大的苹果拿在手上高高举起，对我们说：这个苹果最大最红最好吃，谁都想要它。很好，现在让我们来做个比赛。我把门前的草坪分成三块，你们3个人一人一块，负责修剪好，谁干得最快最好，谁就有权得到最大的苹果。

我们三人比赛锄草，结果我赢得了它。我非常感谢母亲，她让我明白了一个道理：要想得到最好的，就必须诚实而努力地争第一。

我们可以从中提炼出"诚实"的美德——坚守诚实是最可贵的美德。
聪明的父母应该避免有伤害性的问题，例如：

"你为什么这么自私？"
"你为什么总是不记得我跟你说的话？"
"你为什么从来都不能准时呢？"
"你为什么这么没有条理？"
"你为什么不能闭嘴？"

聪明的父母不会问以上这些没有答案的反问句，我们应该做出带有同情的陈述：

"如果你能和约翰分享，他一定会很高兴的。"
"有些事情很难记得。"
"你迟到时我很担心。"
"你能采取一些什么措施来让你的工作有条理一些呢？"

德国教育专家多罗特·克莱奇莫说过，如果父母能够采用一种平静、镇定、理解的方式对待子女的说谎行为，那么从一开始就可以避免许多谎话和不必要的争辩。孩子有时说谎是因为他们担心受到斥责，或是由于怕羞，不想辜负父母对他们的期望。父母不应该不顾一切地逼迫孩子坦白，否则孩子会编更多的瞎话来自圆其说，那情况就更糟了。

父母应经常向孩子说明并以行动表明，如果孩子做错了什么事，他们是会给孩子帮助的，以此杜绝说谎的发生。父母应准备原谅孩子，并帮助他们摆脱困境，即使是孩子伤了父母的心，或者惹父母生气的时候也应该如此。

鼓励孩子讲真话的行为是一种行之有效的方法，其立足点在于信任孩子。下面，我们来看看专家是怎么说的：

◎ **分清恶意撒谎和善意撒谎，满足孩子合理的愿望和要求。**

对孩子提出的合理要求尽量满足。如一时无法满足，必须向孩子说明理由。如果对孩子的愿望与要求不分青红皂白地不予理睬，或一味拒绝，容易使孩子说谎或背着家长干坏事。

◎ **正确对待孩子的过错。**

家长要本着关心、爱护孩子的原则，态度温和地鼓励孩子承认错误，帮助他改正错误。如果用训斥、讥讽或体罚来对待孩子的过失，就可能使他为了逃避过错而说谎。

例如，萌萌自己喝水时不小心打破了茶杯，她主动告诉妈妈，没想到挨了妈妈一巴掌外加一顿骂。时隔不久，萌萌把妈妈心爱的花瓶打破了，她记住了上回的教训，在妈妈面前编谎话："隔壁的小猫碰翻了花瓶，在地上打碎了。"妈妈信以为真，事情就这样搪塞过去了，萌萌也由此学会了用谎话来逃避责任。

可见，本来诚实的孩子也会因家长教育不当变得虚伪。

◎ **家长要做诚实的榜样。**

为培养孩子的诚实行为，家长要为孩子做出好榜样。如果要求孩子拾金不昧，家长就不能将捡到的物品据为己有；如果要求孩子不说假话，家长自己就不能哄骗孩子。不然，孩子是难以形成诚实品质的。

◎ **家长要和孩子建立真诚和相互信任的关系。**

家长对孩子必须言而有信，以诚相待。这样，孩子才会信任家长，有什么事或想法都愿意告诉家长。

有的家长在孩子面前常常言而无信。比如，孩子哭闹时，父母常用许诺来哄孩子："别哭了，回头妈妈给你买支冲锋枪。"但家长并不兑现这轻易的许诺。孩子却信以为真，满怀希望地等待着，然而一次次地许诺都不过是空头支票，孩子的一次次希望都成为泡影，这样下去，孩子不仅逐渐失去对家长的信任，也慢慢地学会了说谎。因此，家长和孩子形成真诚和互相信任的关系，是孩子养成守诚品德的重要条件。

让孩子感受到信任和尊重，他们便会觉得说谎没有必要了。当家长发现孩子说了谎话时，最好不要单方面拆穿孩子的谎话。因为成年人和孩子都要面子，若当面拆穿，则孩子觉得丢了面子，容易与家长对立起来。当面拆穿孩子的谎话，不但不会让孩子知错，反而会伤害孩子，让他们更加拒绝沟通，更不想与父母分享自己的内心，甚至将自己与父母置于对立的地位，如此就会形成一个恶性循环。

诚实的孩子会得到最完美的回报，而更重要的是因为诚实，还能确定他们求知与学习的正确方向，在诚实的前提下学得的东西才更扎实，功底和才华因为诚实而变得更稳固，将来才能派上真正的用场，才能做对社会有用的人。

家教建议：

诚实是通往成功的车票，坚守诚实你将风雨无阻。我们有时候可以不说假话，不奉迎不真实的话，保持自己的沉默也是表达自己的方式之一。更多的时候，我们只需要坚持踏实地做自己，早晚也会把自己诚实、善良的美德传递给别人。

生命不可能从谎言中开出灿烂的鲜花。身为父母者首先要诚实，这样才能教育好下一代。

做一个善良的人

教育并不能改变人性，只能改良人性。 ——（希腊）亚里士多德

善良作为一种美德，对孩子的成长发展具有不可忽视的积极影响。可以说，缺乏善良品质的人，同时也是个道德上有缺陷的人，最终很难有所作为。能拥有一个善良的孩子，应该是父母的骄傲。当孩子表现出这种善良的品质时，要赏识和赞扬孩子。

如今，不少家长本身就对孩子是否需要善良心存犹豫——虽然知道善良是人际和谐的根本，但又生怕孩子会因为不合时宜的善良而导致吃亏。家长对孩子面面俱到的保护和"非常态"事故的提醒，如提防患者传染疾病，陌生人搭讪时不要回应等等，早早为孩子的心灵竖起了壁垒，无形中给孩子种下自私、冷漠的性格之因，这些都是善良之心的天敌。

另一方面，家长是孩子的教育者及指航仪，孩子的一切行为发展与家长的教育方式息息相关。家长的粗暴会使孩子暴戾，家长的尖锐会使孩子刻薄，家长的软弱会使孩子消极，家长的冷漠会使孩子恶劣。

从孩子的心态上来看，有的时候他只是想引起人们的注意，以为恶作剧是赢得别人注意的方式，尤其当得到同伴的附和及赞赏时，孩子更觉从中获得无比的快感。他们折断花木、嘲笑弱势群体，往往认为只是参与了一场游戏，而不知道自己表现出了错误及恶意的行为。

孩子的"不知轻重"反映出他们缺乏道德界限，忽视了"劣行"为他人带来的伤害。这样的孩子若得不到及时的纠正和教育，最终可能走向冷漠、暴戾和残忍，发生诸如早前硫酸泼熊、虐猫等令人心寒发指的事件。

38.　首先是做一个善良的人

可以毫不夸张地说，中国的家长从来没有像现在这样重视孩子的学习成绩及各种能力的提高；同样可以毫不夸张地说，中国的家长从来没有像现在这样忽视孩子的道德培养。如果现在你对某位家长说"孩子最重要的素质是善良，是随时为别人着想"，很可能会被嗤之以鼻。

但教育家李镇西（《做最好的家长》一书的作者）始终认为，一个人最最基本的素质的确是——善良！

那天李镇西去女儿学校开高三学生家长会。按老师要求，各位学生家长都坐在自己孩子的座位上。

刚在女儿晴雁座位上坐下不久，李镇西身边坐下了一位中年妇女，她看了看李镇西，然后试探着问道："你就是李晴雁的父亲？"李镇西点点头："是的。"

她马上热情地对李镇西说："我要感谢你女儿！"

"谢她做什么？"李镇西有些不解。

于是她说："我女儿回来老是说李晴雁如何如何帮助她的学习！我女儿数学不太好，李晴雁便经常帮助她。我女儿还说李晴雁是她的师父呢！"

李镇西说："没有什么！这是应该的，同学之间嘛！"

正说着，班主任进来了，家长会开始了。李镇西和身边这位家长便不说话了，静静地听班主任讲话。

但李镇西心里一直响着身边这位家长的话，并为女儿感到骄傲。

是的，在父亲的心中，女儿是令他骄傲的，首先不是她那名列前茅的学习成绩，而是她在日常生活中自然而然表现出来的爱心。李镇西常常接触很多家长，发现他们更多关注孩子的学习成绩、考试名次等等，其余的却不太关心。李镇西则认为，比成绩更重要的是健全的人格，而健全人格的基本底线是善良！

晚上回到家里，李镇西给晴雁说起她同桌同学的妈妈感谢她的事，她居然有些惊讶："这都值得感谢？都是同学嘛！"李镇西问："为什么没有听你说过你帮助同学的事呢？"她说："这没有什么呀！我周围的同学都爱问我数学难题，我就给他们讲。这有什么好说的呢？"

那天李镇西和女儿聊了一会儿，这才知道，长期以来，她一直帮助班

没有教不好的孩子，只有不会教的父母

上一些学习不太好的同学，班上成立四人学习小组，是按成绩好坏搭配编的，晴雁是组长，自然便有义务帮助其他同学。

李镇西问："你用什么时间来帮助他们呢？"女儿说："平时下课后他们随时都可以问我！另外，我每周二下午都用两节自习课时间给他们讲一周来遇到的学习难题。"她还很得意地告诉父亲："许多同学都叫我'祖师爷'呢！"李镇西问为什么，她说："我给一位同学讲了难题，她又给另外一位同学讲，这同学就叫我'祖师爷'，叫多了，大家都叫我'祖师爷'了！"李镇西从女儿充满得意表情的脸上读到了她的快乐——帮助别人的快乐。

同学之间在学习上互相帮助，在多数人看来是再正常不过的了；可是我们知道现在的中学生并不是每个人都愿意在学习上帮助别人的。由于种种原因，现在的独生子女很容易产生自私自利的思想，我们有的家长也自觉不自觉地助长着孩子的利己主义倾向，尤其是一些成绩优秀的孩子和他们的家长，往往以自私自利的种种做法来赢得"竞争"中的"胜利"。在这种情况下，提倡孩子之间的互相帮助，并以此培养学生的爱心，这是很有必要的。

女儿的善良之心是如何培养的？

女儿刚读小学，李镇西便经常给她讲不少善良学生的故事，比如陶璀的故事。

很多年前，我班上有一个学生叫陶璀，这孩子成绩特别好，而且特别有爱心。当时我给他们推荐了一本书《爱的教育》，我要每位同学都去买来读。

不久，陶璀找到我，要求我把班上一位成绩很差表现也不好的同学安排来和他坐一块儿。

我问陶璀为什么，他很真诚地说："这样我就可以每堂课都提醒他认真听课，每天放学后我还可以帮他补习当天的功课！"我非常感动，便答应了他的要求。

从此，陶璀成了那位同学的小老师，每天放学后人们总能够在教室里看到他们一起学习的情景。但过了不久，我接到陶璀妈妈的电话，她以责备的口吻说："我们陶璀每天放学很晚才回家，据说是帮助同学的学习。我们陶璀还是一个孩子，凭什么要把本来该老师做的事交给他做？那个后进生把我们陶璀的学习拖垮了怎么办？"

我当即在电话里很不客气地对她说："你不知道你有一位多么富有爱心的儿子！我为你儿子有这样纯真的爱心而骄傲，同时为他有你这样自私的母亲而遗憾！"

后来，陶璀给我谈了他的苦恼，说他很愿意继续帮助那个同学，但妈妈反对。我说："你做得对！这件事你别听你妈妈的！"

就这样，陶璀在我的鼓励下，一直帮助同学到毕业。高考时，陶璀考上了中国科技大学，有一年我去合肥讲学，报告地点就在中国科技大学的报告厅。我特意把陶璀叫来，并且在报告中讲了他的故事。

像陶璀母亲这样的家长应该说不是个别的，我们不怀疑他们非常爱自己的孩子，但这种爱是自私的爱，而且这种自私很容易传染给孩子。如果以孩子童心的丧失去换取所谓优秀的学习成绩，这将是很可怕的。

很多次，面对许多朋友的问题："李老师，你最希望你女儿是什么样的人？"李镇西的回答总是这样的："首先做一个善良的人！"

日常生活中，家长向孩子表达关爱的方式有许多：以身作则，给予孩子的种种帮助必须具有正面意义；对孩子的善良表现适时赞美，对错误也要及时批评指正；让孩子感受到来自家长的重视，信任孩子，了解孩子；建立亲密的亲子关系，透过语言动作，让孩子体会家长的关爱；等等。

39. 告诉孩子，善良真好！

有修养、懂礼仪的妈妈才能培养出可爱的女孩。

女孩子是未来的母亲。母亲的爱是博大的，母亲的爱能缔造人类的未来。所以，女孩子要具有温柔、善良的天性，更要懂得关心、体贴他人，要善解人意。

但是，在今天的女孩子中间，却普遍存在着一些令人不快的现象，她们不仅变得不温柔、不会关心人，还会"管"人。

南方沿海某市的"红领巾理事会"，二十几名成员中只有 5 个男孩，其余的全是女孩。提到自己的"工作经验"，这些女孩子滔滔不绝地总结了一套又一套，当然，更多的是讲如何整治男生。

"当干部最根本的经验就是要管住那些男生，不能让他们淘气，不能给他们好脸色……"

"老师不在的时候，要监视着那些平时调皮的学生，表现不好的要把他的名字记下来，然后报告给老师，让老师收拾他。"

其中一个小女孩，带着得意的神色说："我的办法最好。我同桌的男生上课时总做小动作，我就削一支最尖的铅笔放在手边，他动一下，我就扎他一次。老师都夸我有办法。"

听了她们的话，人们感到万分惊讶，这些从小只会管人，不会关心人的女孩子，真的是我们祖国的新一代少年儿童吗？真的是我们少先队培养出来的干部吗？

在这里，我们并非指责所有的女孩子都是这样，也无意标榜过去那种"大门不出，二门不迈"、一心遵从三从四德的古代女子，只是想寻找那些具有现代人豁达开朗、机敏聪慧的心理气质，又懂得关心别人、爱护他人的善良孩子。

也许，你会问："真有这么完美的女孩吗？现在的女孩子娇骄二气可浓得很呢！"

现实生活中就有这样的普通孩子。张琳长得很漂亮，且温文尔雅，知识丰富，兴趣广泛；最感染人的是她的善良和正直，她善解人意，坦然真诚。

张琳家住上海。1994年被评为全国第二届十佳少先队员。她最叫人佩服的是那一套令男孩子心悦诚服的本领。

1990年，"知心姐姐"卢勤带领京、津、沪、汉四大城市的小记者赴湖北大别山区罗田县采访。汽车里，她们俩坐在一个双人座上。张琳跟卢勤聊了很多。

张琳说，她也想当"知心姐姐"，问卢勤应该怎样去做。卢勤说："还是先说说你都做了些什么吧。"

"我跟男生挺好的。"张琳开门见山，相当坦诚。

"跟那些男生相处，你有什么诀窍？"卢勤问张琳。

"我就是用激将法，提醒他们别忘了自己是男的。"张琳开始"数落"

起那些男生。

"就拿这次来大别山吧，我们上海来了三个人，只有一个男生，他胖嘟嘟的，不大有力气，可他毕竟是男的，就应该负重。下船的时候，他借口头晕不愿意拿箱子，坐在甲板上不起来。我和姜宇秋（另一位上海女孩）冲他大声喊：'你不是男的！你不是男的！'那个男生'腾'地跳起来：'谁说我不是男的！'拎着大箱子就下了船，挺像个男子汉的。"

卢勤明白了，男孩子们喜欢张琳，正是因为她的激励，唤回了男孩子身上的阳刚之气。

在那次赴老区的活动中，张琳认真地采访了老区的孩子、乡亲和县里的领导，并写成了很出色的报道。

第二年，张琳荣获中国好少年创造奖，独自一人从上海乘火车到深圳，参加"明天会更好"中国好少年夏令营，并担任了大队长，那年，她才12岁。

我们一直很想知道，张琳的妈妈是怎样培养出这么可爱、多才的女孩的。通过张琳的母亲李秋芬，我们了解了一个善良女孩子的多个侧面，了解了一个称职的母亲。下面，摘录了李秋芬女士写的《我的女儿》，与家长们一起品读。

夜深人静，时钟已指向12点。我的眼皮重得直往一处黏，写字的手也不听使唤了。我问："琳，还有多少呀？妈实在熬不住了！"她仍埋首疾书，只轻声回答："快了，还有一半。"

这两年她总在奋力地"爬格子"，由此，我也升了格，不仅仅当妈妈，还成了她的"秘书"：她写，我誊；她去读书做事了，我替她发投稿信、装订材料。此时，我望着她的背影，很是心疼，毕竟她只有13岁，身子骨还很嫩，这样地熬夜，会长不高的。

这两年，她共写了几万字的文章，这些文章大多是在深夜完成的。至今，她熬夜爬格子的日子，我已数不清了。她常对我表示歉意，说是拖累了妈妈，总搂着我的脖子，亲吻我。她的爱，她的感激，就在这一瞬间全给了我。

她特别注意利用有限的时间。照她的说法，"要相对延长每一分钟的生命。"她因有社会工作常常落课，可从不敢懈怠学业，一分一秒都计算着用。每次大考前，她想的不是考试的结果如何，而是想着如何尽力复习好，常自勉："不要为远方的玫瑰园而错过窗前开放的玫瑰。"这个意念果然重要。每次考前既认真又洒脱，考得也好，但事后她没有丝毫大喜大悦，好像应该如此。就这样，她不断摸索好的学习方法。"事半功倍"、"吾日三省吾身"、"计划与总结"、"化整为零"似乎成了她的专利。

她很宽容大度，坦然真诚，清静淡泊。在我们散步时，她对校园生活的热爱，让每一个同学快活、发挥潜能的渴望，对师长的尊重常禁不住地溢于言表。有一次，她向我谈起她的"把垃圾带回家"的构想，说应倡导全社会都这样去做，那上海就更整洁宜人了。果然，她每次外出，在没有垃圾箱时，就将自己要扔的瓜果皮核、包装纸袋一股脑儿带回家……就这样，她用一双很真诚又很善良的眼睛洞察世界，仔细地品味生活，令我感叹不已。

作为父母，我们有理由为张琳母亲替女儿承担事务、吃苦耐劳、体贴入微的教子方式而感动。我们也真心希望，在我们的周围涌现出更多张琳这样优秀的女孩，每一位年轻妈妈都能做得像李秋芬女士那么好。

家教建议：

🌹 不一定每一个人都能成为科学家，但每一个人都可以成为一个善良的人——给别人带去快乐，因而自己也快乐。

🌹 女孩子是未来的母亲，她的一举一动都将给自己的孩子做出表率。因此，母亲教育孩子，除了给他们以精神上、学识上的指导与关怀，更要注意到其形体、言谈、举止的约束和培养。

做一个有感恩之心的人

谁言寸草心，报得三春晖。   ——（中国）孟郊

    有一次，广州市某中学老师布置了一个作业"给妈妈洗脚"，学生大概有三种态度，一是"天啊，这是什么作业，脚很脏啊，我怎么能够接受呢？"二是"莫名其妙，父母自己都会洗，用得着我洗吗？太形式化了吧？"三是"父母给了我们生命，就算我们用生命来回馈，都无法报答父母的恩情，洗脚又有何难？"大部分高中学生难以接受给母亲洗脚的作业，很多家长认为孩子不孝。

    父母辛苦养育孩子，孩子给母亲洗一次脚丝毫不过分，但是却引起了很多学生的反感。对父母无私的付出，孩子并没有很好地去体会，甚至认为父母对自己的付出是理所当然的，这就是为什么孩子不懂得感恩父母的原因。

    感恩其实讲的是一种人际关系，是人与人之间情感的一种表达。它不是给父母洗一次脚，端一次茶那么简单，它也不是虚无缥缈，而是懂得给予和珍惜，是在生活中点点滴滴慢慢养成的一种心态。

40. 懂得感恩的孩子值得疼

    吕鑫，北京城里一个普普通通女孩的名字，她的故事却震撼了无数大人的心灵。

年仅 10 岁的吕鑫，有着特殊的身世。她刚刚出生几天，就被父母抛弃了，扔在紫竹院公园的垃圾堆旁。清洁工人吕书泉清早打扫卫生时发现了她。这个小女婴口吐白沫，鸡胸，驼背，患有严重的佝偻病。吕书泉双手捧起这个幼小的生命，把她抱回了家。

当时的吕书泉，因一次事故头部受伤，已经从工厂病退到街道成为一名清洁工，每月收入很少。邻居劝他不要收养这个孩子，不要给他那个已经很贫穷的家雪上加霜。可吕书泉不肯："这是个生命呀，我一定要把她养大！"为此，妻子和吕书泉离了婚。吕书泉每日省吃俭用，但他却用工厂给他治病的 2000 元钱为女儿治好了病。

吕书泉靠清扫街巷得来的收入维持着父女俩整整 10 年的生活。小吕鑫没有玩具，没有新衣服，没有糖果糕点，没有零花钱，她的童年生活并没有像其他孩子那样富足。

但是，小吕鑫的童年却不缺少快乐，是父亲吕书泉的善良敦厚，使清贫的家充满了温馨。吕鑫从小就知道，爸爸把全部的爱给了自己。她心疼爸爸，经常帮着爸爸清扫街巷、做家务。

但是，天有不测风云。1995 年 12 月，吕鑫的爸爸得了重病，肚子胀得很大，腿肿得老粗，下不了地。吕鑫每天要照顾爸爸，这一切，吕鑫从来没对任何人说过。可吕鑫学习成绩下降，引起老师的注意。老师来家访了。

走进那间小平房，老师惊呆了。屋里黑洞洞的，没有一件像样的家具，一张双人木床上没有床单，只有一条破棉絮。老师怎么也不能相信，北京城里竟然还有如此贫困的家庭，可爱的小吕鑫承受着这么沉重的生活压力。

学校决定免费为吕鑫提供午餐。吕鑫哭了："我有饭吃了，可我爸怎么办？我不能让他饿着呀！"

多么懂事的孩子啊！校长马上决定：每天让吕鑫从学校打两份饭，带回家和爸爸一起吃。

当"知心姐姐"卢勤得知了这个消息之后，她被深深感动了，很快去采访了吕鑫。那天中午，校长把吕鑫叫到办公室。卢勤请她坐在身边，仔细打量她。这是个十分清秀可爱的女孩子。

"你的事情,同学们都知道吗？"卢勤很小心地问她。"有的同学知道了。有的给我送来衣服，有的在悄悄凑钱。有一个同学给了我 10 元钱，让我给爸爸买点好吃的。"吕鑫的言谈十分清楚，别人给她的每一点爱，她都记在了心里。

"那你买了吗？"

"买了。"吕鑫激动起来，"我买了爸爸最爱吃的香蕉。"

"爸爸说什么了吗？"

"爸爸哭了，他什么也没说。"吕鑫的眼眶里噙着泪水。

"平时别的孩子吃零食，你看见了不馋吗？"卢勤控制着自己的感情，继续问。

"我能忍住。别人吃好吃的，我就咽咽口水，跑到一边儿去，不看。"吕鑫的声音很小，但却像一个重锤，敲在卢勤的心上。

"你爸爸平时对你有什么希望？"

"爸爸希望我成为一个有用的人。"吕鑫想也没想就回答卢勤。看来，她是把爸爸的希望深深地记在心里了。

"你觉得你爸爸是有用的人吗？"卢勤又问道。

"我爸爸有用！他把大街打扫得干干净净，人们就能高高兴兴地上班了！"吕鑫突然提高了声音，好像在捍卫自己的爸爸。当清洁工的爸爸，在女儿心目中的地位是至高无上的。

能有一个这样的好女儿应该感到骄傲，父女俩生活虽然贫穷，但内心世界相当富有，因为他们拥有无限深情的爱与体贴。这的的确确值得人们羡慕。

在"知心姐姐"卢勤的提议下，学校举行了"过年的心愿——手拉手特别行动"主题队会。会上，吕鑫流着泪，讲述了自己的故事，讲述了自己怎样用微薄的力量，千方百计地回报父亲的养育之恩的事情。大家不仅为吕鑫的故事所感动，更为身边这些一下子变得比平时懂事许多的孩子的所作所为而感动。

41. 从小培养孩子感恩情怀

生活中我们常犯一个错误，经常用一副理所当然的态度去面对很多的人、事、物，包括自己的家人。父母节衣缩食，孩子大手大脚花费理所当然；父母辛苦劳作，孩子怡然自得娱乐理所当然……其实一切的理所当然，会让孩子失去一颗感恩的心。

人们都说，母亲是最无私的，不要求孩子回报。虽然母爱不需要回报，但是母慈子孝却是中国几千年来的传统美德。孝不仅仅是外表表现出听从父母的话，最重要的是塑造好自己，尽自己的力量，做一个好人，也是孝的基本含义。

妈妈做好了饭菜，孩子不问这饭菜是怎么来的，不问母亲为这顿饭菜付出了多少辛苦，也不管全家老少是否吃过，上桌就吃；吃得不顺口，还要大喊大叫闹"绝食"。

妈妈给的零用钱，他理所当然地收下，还不时说着："怎么才给这么点儿，抠门儿！"花起钱来，他大手大脚，一次可以买十几串羊肉串、几十瓶饮料请客。他从未想过，妈妈爸爸挣来这些钱有多么不容易。

孩子为什么不珍惜父母的劳动，为什么不珍惜钱和物，因为他们不知道这一切是怎么来的，以为是从天上掉下来的，一切都来得容易，他享用是理所应当的。

身为人母，在养育孩子的过程中都经历了数不清的甜、酸、苦、辣。尤其是怀孕阶段，孕前的妊娠反应、孕中、孕后的行动不便，特别是临产的时候不论是顺产还是剖宫产，都如在鬼门关转了一回。现在有些电视节目，就有让男士肚子上绑着像孩子一样沉的东西去体会一下当怀孕妈妈的滋味。

孩子只要了解了妈妈的辛苦和不易，就一定会热爱妈妈、回报妈妈的。家长要让孩子感受到母亲和亲人对他的关心、对他的爱，并且一点一滴地教他去回报别人。

有感恩之心的孩子必是一个心胸豁达的孩子。风来了，他会感恩，它吹走了落叶；雨来了，他会感恩，它滋养了土地；享受成功，他会感恩，那是上天的恩宠，福人的相助；经历挫折，他会感恩，那是心智发育成熟，行为走向果敢的必经之路；日复一日，年复一年，感恩使孩子的内心变得清洁、明亮、丰富而又宽敞，面对每一轮崭新的日出都能赢得一个全新的自我。

孩子的正确思想是靠灌输的，爱的种子是需要培育的。无情无义的孩子的出现，是对家长过度溺爱的报应。父母无原则溺爱孩子，只会让孩子变得投其所好，不诚实、不真诚、不脚踏实地做人做事情，最后的结果必将是不仅伤害了自己，也伤害父母，根本无从谈及做一个对社会有用的人。

42. 任何时候都别忘了感恩

"谁言寸草心，报得三春晖"，"滴水之恩，当涌泉相报"，说的都是感恩。但在现代文明社会里对感恩似乎有点陌生，我们的孩子既不知道为什么要感恩，也不知道如何感恩，这一点值得父母们深思。

今天，许多父母痛苦地说，他们最伤心的是自己的孩子不懂得感谢，孩子们觉得，父母为他们所做的一切，都是应该的，别人为他所付出的一切劳动都理所当然。

一位母亲曾说：

> 陪着5岁的女儿去游泳，女儿在前面走，她拿着大包小包跟在后面，女儿问："水果带了吗？""牛奶带了吗？"当女儿得知妈妈带的水果是梨时，哭了起来，非要妈妈回去换她爱吃的水果。妈妈说她觉得自己不像孩子的妈妈，而像孩子的奴隶，女儿从来都是向妈妈提要求，却从没说过一句感激的话。

但是这位母亲只看见了孩子的状态，却没有发现这个状态如何形成的，"子不教，父之过"，对于孩子最开始甚至当下这样的行为，你是否耐心地给孩子讲过——告诉她，作为一个正常的人，应该对帮助者说一声"谢谢"的正常的感恩和礼节吗？

一个人如果想得到爱与帮助，那么首先要付出爱与帮助；其实当得到爱与帮助，要懂得感恩而不是理所当然。只有这样爱和帮助才会长期眷顾你。

自私自利的人活在自己狭小的空间世界里，只有懂得感恩，并且懂得用感恩与爱的心去关爱对方，只有用心感受拥抱世界的人，才会越活越有滋味。

不过，知恩图报会说"谢谢"的孩子还是很多的。

有个盲女在妈妈生日那天送给妈妈一份礼物——一点一点扎在生日贺卡上的盲文。妈妈看不懂，请人翻译，那段盲文让她听得泪流满面："亲爱的妈妈，谢谢您把我养大！虽然我看不见您，但我永远爱您感谢您——妈妈！"妈妈捧着贺卡哭了。她觉得自己为女儿付出的一切都是值得的。

有个七八岁的聋哑女孩，背着书包去上学，在公共汽车上没站稳，差点摔倒，一位叔叔看到，急忙上前扶她一把。女孩刚站稳就向这位叔叔打手势，叔叔不明白是什么意思。叔叔要下车了，女孩连忙跑过去，塞给他张小字条。下了车，叔叔打开一看，只见上面歪歪扭扭地写着一行字："谢谢，谢谢叔叔！"泪水涌出叔叔的眼眶。

日常生活中，我们每一个人要想过得开心快乐，最重要的就是懂得感恩，得到爱与帮助，深切地感受到自己的美好与自信，在将自己的爱与帮助施予需要的人时，我们又会真切地感受到自己的有用和丰富。这样的人生，哪怕是一个普通人、平凡人也是幸福、快乐的。

一个山里孩子考上大学，却因为家里穷，上不起。这时，一个素不相识的外地人无私地资助了他。这个孩子一直想当面说声"谢谢"，却始终没能实现心愿。3年后，他专程按着汇款人的地址找到恩人家，万万没想到恩人已在几天前去世了，临终前，还给他汇去了最后一笔款……

他含泪在白纸上写下了一万个"谢谢"，点燃在恩人坟前……

我相信这个孩子终生都会感到温暖与富足，并且在日后的工作与生活中，无论遇到什么困难都会努力坚持活下去。因为这一份浓浓的爱将会给他无穷无尽的力量。

家教建议：

父母的责任不是去给孩子攒钱，去为孩子营造一个安乐窝，而是要在孩子的心中播下爱的种子，让他知道怎样去给别人带来快乐。因为，大家都爱那些有爱心的孩子。假使有一天，孩子处在困境之中，他一定会得到更多的爱。因为人们需要他。

从小培养孩子的感恩情怀，这不仅是一种礼仪，更是一种健康的心态，也是一种社会进步、现代文明的体现。在家庭里父母对子女之爱不是单向的，而是双向互动的。做子女不仅接受来自父母之爱，更应懂得爱的反馈和回报。

你爱别人，别人就会爱你；你帮助别人，别人就会帮助你；你待他情同手足，他就对你亲如父子。爱可以创造一个世界。

第四章

成就孩子一生的好习惯

父母的行为，对自己的孩子有直接的影响。好习惯孩子会模仿，坏习惯他们同样也会模仿，等到我们发现孩子恶习再想纠正时，为时已晚了。

良好的生活方式才能保证孩子健康的成长。人是环境的产物，近朱者赤，近墨者黑，一切都是从童年开始的。从某种角度来说，教育就是从培养习惯开始的。良好的生活方式才能养成良好的习惯。良好的习惯才会有良好的性格和作风，才会有人生的幸运和机遇。在养成良好的生活方式的过程中，父母的榜样作用尤为重要。

勤奋是一切成功的开始

我从未见过一个早期、勤奋、谨慎、诚实的人抱怨命运不好。良好的品格、优良的习惯、坚强的意志是不会被假设所谓的命运击败。

——（美国） 爱迪生

世界上任何一个有成就的人，都是在某一个方面特别勤奋、特别忘我、特别投入的人。如果没有这样的赤诚之心，是绝对不会有任何成就的。

可以说成功必须要勤奋，单单勤奋还不一定能够成功。因为勤奋还需要方向、方法的正确和有效。

现在有的家长和老师是拼命让孩子"死命"学习，但是也有些家长整个就是"静等花开"，"轻松"地无为地等待孩子的成长。我认为这两种方式都是极端的状态，也是不可取的方式。一方面我们要承认家长的外因作用，家长与学校老师经常联系交流，可以更好地引导孩子学习走向正规；另一方面孩子是主体，是起绝对的关键因素的，一切成绩都是以孩子的勤奋努力作为基础的。

43. 从平凡到优秀再到卓越

也许家长们会有一种感受，就是小学一二年级时，似乎每一个孩子都可以轻易拿到满分或者接近满分的分数；但小学三年级却是一个分水岭。其中最主要的原因就是许多知识点在孩子幼儿园时就已经掌握了。

同样初中二年级也是一个分水岭，除了增加了物理这样的学科，最重要的是初一的英语都是小学英语知识进行学习和延伸，而初一的语文对于一个小学语文超棒的小朋友来说还是游刃有余的。

念到高年级，学科变得越来越难，最主要的是以前上一阶段的重复练习几乎没有了。所以从这个意义来说，学习就是需要温故而知新，练习练习并练习——勤奋勤奋再勤奋的过程。

鲁迅先生曾经说过："他把别人喝咖啡的时间都用于学习和写作"。凡·高曾经说过："我越来越相信创造美好的代价是努力、失望以及毅力。首先是疼痛，然后才是欢乐。"凡·高 28 岁确定以绘画为终生职业，从那时到死亡的那一天，凡·高都过着苦行僧的生活，绘画、写信、休息、吃饭……绘画成为他生命的全部。

今天教育专家们经过认真研究总结出一个人成功的基本时间点，那就是平凡到优秀再到卓越。一个人在某件事上花 4000 个小时，你也许会成为一名这一领域的最普通的辅导班老师；你花 8000 个小时，可以成为这一领域优秀的人才；你花够 1 万个小时，就可以成为卓越的人才。

从平凡到优秀和卓越之间只有一条路可以走：那就是勤奋！

44. 要学会聪明地勤奋

相信每一位家长都是望子成龙的，每一位老师都希望孩子们出类拔萃。

很多孩子晚上十二点都在做练习题……家长在旁边陪同。有的语文老师要求孩子每一天都要写一篇作文。不管喜不喜欢，都要学习。因为许多重点初中提前考试就是考奥数，不学习奥数和重点初中就没有缘分。

可以说某些家长和某些老师之间形成了一种力量，那就是让孩子拼命学习——只要学习，就好像进了保险箱。音乐、美术、劳动课常常让位于中考必考科目。有时候，甚至可以给十二岁的孩子连续上三节语文课或者数学课，也不管究竟孩子们学习的效果。

首先家长们所有教育工作者要遵循一个大的原则：那就是所有的学习是不能拿孩子的身体健康来换取的。长年累月的熬夜对孩子的身体、发育成长都是不利的。

其次孩子的学习肯定是要掌握汲取知识和不同类型的题型，但是没有必要翻来覆去刷不同的考试测试和卷子。

我就认识一位中考状元，这个女生从不参加任何辅导班、补习班，比如英语学习，她就把精力和时间都用于英语课本的学习，熟练到能记忆所有课本出现过的单词、句型、知识点，做一些题，但绝不刷题，对课本掌握可以说是滚瓜烂熟的地步……在竞争激烈的中考中，从不参加任何辅导班、补习班的她取得了第一名。

第三，任何形式的勤奋都能激发孩子们学习动力，而不是讨厌学习。

我们有许多家长盲目地认为中小学课本编写得不理想，实际上你真的认真地、仔细地看过一遍现在的中小学课本吗？现在有各种版本的辅导书，你有没有随便拿出一套来认真翻阅……很多孩子其实都在盲目地刷题，而忘记了最基础、最基本常识的掌握和理解训练；所以高考结束之日就成了丢掉、扔掉所有课本和练习册的日子。

那些精心编写的课本和教材，常常被孩子们扔在脑后，成年后很多知识点又重新变得一无所知、一知半解。随着时间流逝，为人父母以后又积极地变成追着孩子学习的家长。

学习不仅仅是中小学阶段的学习，甚至可以说是终生地学习。

如果树立这样的信念，孩子就不会是应付性地学习，学会刷题了事的态度；而是主动地学习，以让自己的思维更睿智，让自己的头脑更聪明地学习。也会越学越聪明，越学越轻松！

思考会让你的孩子更聪明

读书而不思考，等于吃饭而不消化。　　　　——（美国）波尔克

学校的目标应当是培养能独立行动和独立思考的人。

——（德国）爱因斯坦

有调查表明：中国城市小学生每日做家务时间几乎是全世界城市最低的。美国孩子日均劳动时间为 1.2 小时，而中国不足 12 分钟。不要说家务活，很多的孩子就连自己的事诸如收拾房间、整理书包等也懒得去做了，恨不得父母继续为他服务。这样，独立生活能力差，没有自信，感觉自己无能，对家庭依赖性强也是顺理成章了。但是这个问题的造成，是孩子单方面的原因吗？显然不是！因为家长认为做家务没有学习重要，长此以往，孩子也越来越不喜欢做家务活了。

懒于思考，这是思维上的懒惰。思考对于这类孩子来说，感觉很累。因为他没有良好的思考问题的习惯，没有感受过思考的乐趣。我们经常看到这样的例子：有强烈好奇心的幼儿，喜欢问这问那，有的父母不是引导孩子思考："是呀，你说是为什么呢，我们来一起想一想好吗？"而是呵斥制止："小孩子不要问这么多，烦不烦呀。"

这样，把孩子的好奇心给彻底毁灭了。还有一种父母，却积极过度，当孩子一提问，马上就报上答案。如果自己答不上来了，又急忙去查找资料来告诉孩子，而不是启发孩子一步步去思考，给孩子独立的思考空间。这两种家长都在扼杀孩子的思考力和想象力，使孩子的思维"细胞"不再活跃，对周围世界的感知不再敏感。

思考是一种脑力劳动，既然是劳动，就会有辛苦在其中。如果没有家长就生活中点点滴滴的事去启发孩子思考，引导孩子学会思考，孩子就不会积极地主动地去思考，不会养成积极思考的好习惯。当孩子提问时，你应该说：你说呢，你想想看，再想想看。如此一步步引导，而不要急于告诉现成答案。即使孩子经过思考后的回答不科学，不符合事实，那也要以赞赏的眼光、鼓励的语言去欣赏孩子的思考成果。

当思考变成一种乐趣时，孩子会不喜欢凡事去思考、去探究吗？把思考变成生活和学习的一部分。比尔·盖茨常常独自发呆，有一次全家参加聚会，妈妈怎么都不见他到场，当妈妈在地下室找到比尔·盖茨，催他快一点的时候，比尔·盖茨问妈妈："难道你们大人都不思考吗？"

同样，我们也该提倡"享受思考"！将来的人才，是会思考的而不是懂得很多知识的人。善于思考、肯于思考才是真正的人才。美国创意思考中心主任李察·博尔说："孩子缺乏思考力，父母应负七成的责任。"所以，培养孩子的思考力，不让孩子的思维变得懒惰，还得从幼儿期开始认真地细心地培养。

45. 不会思考的孩子没有竞争力

"人可以通过改变自己的想法来改变自己的一生。"这是这个时代最伟大的发现。像成功者一样去思考，你就会越来越像一位成功者。要孩子在这个高智能的时代生存，就必须提高孩子的思维能力。不会思考的孩子是没有竞争力的。

爱思考的孩子总爱问"为什么"，我们的孩子就是在解开一个个"为什么"的谜团中长大的。可是，面对孩子数不清的"为什么"，父母、老师常常束手无策。

一天，一对年轻夫妇领着他们8岁的儿子来见"知心姐姐"卢勤，说他们的儿子是"问题儿童"，让卢勤帮忙看看"问题"出在哪里。

"你最喜欢研究什么问题？"卢勤和这个男孩聊起来。

"汽车、武器、电脑、宇宙。"男孩回答。

"那好，请你谈谈你的研究成果吧！"卢勤对他的回答很感兴趣。

小男孩一口气讲出18种汽车的名称、产地、速度和价格，俨然是个汽车方面的"专家"。他说，这些汽车的标牌自己都能画出来。接着，他又说出十几种武器和数十种电脑的名称和性能，还向"知心姐姐"说了自己想出来的消灭战争的办法……

卢勤惊讶不已，问："你几岁啊？"

"8岁呀！"他一定觉得卢勤的提问很怪。

"你这些知识是从哪儿得来的？"卢勤又问。

"看书呀。有的是我发现的。"

"你们的孩子很了不起，不但没有问题，而且是个人才，请你们一定珍惜！"卢勤兴奋而又郑重地对孩子的父母谈了自己的看法和评价。

"他经常提一些怪问题，跟学习、考试一点儿不沾边，我没法儿回答。"妈妈还是很发愁。

"能提出问题的孩子是智商高的孩子。至于他提出的'为什么'，你不必马上直接回答，应该引导他，让他自己从书本上、实践中找答案，让他逐渐尝到读书的兴趣，以后也就更爱思考了。"卢勤郑重地说道。

我们的孩子是新时代的主人，他们所面临的将是一个知识高度更新、变化日新月异的时代，等待他们的将是许多闻所未闻的新知识、新事物，他们的任务是学习，学习，不断地学习。而对于学习，思考将是最好的、最有效的方法。

一位资深的教育专家曾疾声呼吁："家长们一定要培养孩子动脑筋的习惯和能力。"现在的孩子懒得动脑筋，这主要表现在孩子的学习上，就是抽象思维能力不够，有的孩子读书就是照本宣科，不会举一反三。而孩子的创新意识和想象力也明显不足，在解决问题时不会多渠道地寻找方法。

其实，现在的孩子都是很聪明的，只是孩子们不愿意动脑筋。一个不能思考的孩子很难在激烈的社会竞争中立足，特别是在今后的国际化竞争中，缺乏竞争力的孩子们将很难在工作上找到属于自己的位置。

46. 给孩子一片思考的天地

我们每个人都喜欢自己做主、自我思考，孩子同样如此。不要认为自己比孩子成熟，有经验，就这么草率地为孩子决定很多事情，这都是错误的。你应该让孩子自己学会思考，帮助他成长为一个爱思考的有感情的个体，只有这样的孩子，长大后才能充满自信地适应社会。有一个笑话：

> 在一所国际学校里，教师给各国学生出了一道题："有谁思考过世界上其他国家粮食紧缺的问题？"
>
> 学生们都说"没有"。非洲学生不知道什么叫"粮食"；欧洲学生不知道什么叫"紧缺"；美国学生不知道什么叫"其他国家"；中国学生不知道什么叫"思考"。

在"全国世纪父母读书活动"总结表彰大会上，资深教育专家、原国家总督学柳斌先生严肃地讲了上面这则"让人笑不起来"的"笑话"，其中包含了对教育的反思。

看看现实，在中学生参加的数理化方面的国际比赛中，凡是死记硬背的题目，中国学生都能得高分，需要独立思考、判断、想象的题目，中国学生往往失分。

是谁偷走了中国孩子的思考能力？审视我们的教育，并没有为孩子学会思考创造更多、更好的条件。学生为了应付升学考试，经常埋头"题海"，老师更希望学生"按正确答案"回答问题，不鼓励学生"别出心裁"；在家庭中，父母有一句口头禅："好孩子一定要听大人的话。"言下之意，不听大人话的孩子不是好孩子。更多的父母希望自己的孩子"听话"、"服从"，不大教孩子"提问"，更不鼓励孩子独自做决定。这样的评价标准，造成孩子从小严重缺失思考的机会和能力。

《知心姐姐》栏目曾做了一次题为"父母心中的好孩子标准"的"知心调查"。全国18个省市的1904名中小学生的父母回答了这个问题，其中选择"听父母或老师的话"的占11.8%，而选择"有思想、有主见、有独立思考问题能力"的仅占1.21%。

凡是有思考能力的孩子，求知欲望强，学习能力、创造力就愈强，终生学习的能力也愈强。

有一位成功的父亲曾这样教导她的女儿：女儿小时候爱向他提问题，他总是给女儿以问号，从不给句号。这样，大大激发了女儿的好奇心，从小爱思考，这就是后来取得了优异成绩和杰出成就的原因。

提问，是孩子的权利。面对成年人司空见惯的世界，孩子常常会提出绝大部分成年人没想到而且回答不了的问题，这正是孩子好奇心的表现，如果扼杀了孩子的好奇心，就等于扼杀了孩子的创造力，甚至会给孩子一生带来负面影响。

一位国际幼儿园的老师观察到一个有趣的现象：

各国的孩子在一起玩沙土，一个外国孩子用小铲子把沙子往漏斗里装。漏斗会漏，沙子总也装不满，他就用指头堵住漏口，等沙子装满就把漏斗挪到瓶子口边，再放开手，让沙子流进瓶子。由于沙子漏下的速度很快，从孩子拿开手指到漏斗对准瓶口，沙子剩不了多少。孩子丝毫不泄气，一点一点儿地做着。终于，他在一次次的反复中"开窍"了：他等到漏斗口对准了瓶子再倒沙子，很快瓶子装满了。孩子笑了，高兴地看着身后的妈妈，而他的妈妈正鼓掌为他庆贺。

一位中国孩子的妈妈却是另一种做法：当孩子拿起漏斗，沙子从底部漏掉时，妈妈立刻蹲下来说："来，妈教你！把漏斗对准瓶口，再把沙子灌下去。"

有人说中国的父母是世界上最伟大的。可是我们很少去思考在无微不至的关怀下，我们的孩子将失去什么！在这里，我想对家长说上一句：别剥夺了孩子思考的机会！

学会思考，对一个人成长极为重要，"思考的启示把人从奴隶解放成自由人"。世界著名的科学家爱因斯坦也说过："学习知识要善于思考、思考、再思考。"中国数学家华罗庚对思考也有过精辟的论述："独立思考能力是科学研究和创造发明的一项必备才能。在历史上任何一个较重要的科学上的创造和发明，都是和创造发明者的独立地深入地看问题分不开的。"

没有提问与思考，或许蔡伦不会发明造纸术，或许牛顿不会发现万有引力，或许瓦特不会发明蒸汽机，或许爱迪生也不会发明电灯、电话、留声机。没有思考，马云发明不了淘宝，张小龙发明不了微信，乔布斯发明不了苹果手机。

一个孩子，可以在很多方面都不一样，体质、家庭条件、受教育程度等等，但是这些都不是决定性的。最终决定孩子发展的只有一个因素，那就是这个孩子的思考能力。积极思考的能力才是孩子今后应对社会竞争和人生压力的最大法宝。不夸张地说，不会思考的孩子，将很难在今后的社会上立足！

47. 还孩子一双发现的眼睛

在早点摊上，我曾经看到过这样的一个场景：婆婆右手端汤，左手拿饼，一口一口地喂孙子。孙子除了嘴动之外，其他的外部器官都是静止的。婆婆伺候孙子尽心尽职，巴不得连吃饭也代劳，可孙子一点也不幸福。孙子的眼神空洞无物，就像木偶一样任由婆婆摆弄。这样的孩子连基本的生存活动都有人代劳，还用得着思考吗？长期"不思考"，会训练出什么？当然是一个个不知思考的活的"玩物"。孩子的思维能力，让我们盲目的爱扼杀在摇篮里了！

总是听到一些老师抱怨："这孩子真笨，怎么一点也不会去发现呢？怎么就一点想象力也没有呢？明明就在眼前的简单答案，还要老师一再提醒才能说出来！"其他老师往往会跟着附和："是啊，是啊。"

听到这样的话我总是感到很悲哀。这能怪孩子吗？我们的孩子在课堂上接受的是教师已经加工好了的知识，已经习惯于接受老师嚼烂了的知识，他们不会甚至不想去发现。年龄越大的孩子越不愿意去主动发现，因为他们已经形成了思维的定势。长时间的"熏陶"使他们往往觉得只有听老师的才是学习，思考只能是在教师指导下的思考。所以，我们在很多情况下得到的答案总是那么惊人的相似。老师对那些"异类"答案不是鼓励而是奚落，长此以往，孩子就渐渐失去了独立思考的能力。

所以，我们的孩子不会思了了，即使只要稍稍动脑筋就能够发现的事物，他们也懒得去思考；所以我们常常发现一些小孩子说"大人话"，这就是我们的教育方式带来的后果。

有个男孩，经常缠着妈妈给他讲故事。一天，妈妈给他讲聪明的小白兔战胜可恶的大灰狼的故事，他不解地问妈妈："为什么小白兔就是好的，大灰狼就是坏的呢？"

妈妈先是愣了一下，接着狠狠给了儿子一个耳光，她声色俱厉地说："笨蛋，这难道还用问吗？"男孩"哇"的一声哭了。妈妈不耐烦了，又狠狠地抽了儿子两下说："哭，哭，有什么好哭的，这么笨还好意思哭！"

男孩莫名其妙地挨了打，却不知道自己错在哪里。那天晚上，他躺在床上，心里愤愤地想，你是大人就可以不回答我的问题，就可以不讲理吗？你力气大就可以随便打我吗？

从此他不再缠着妈妈讲故事，也失去了听故事的好奇心，但心中却留下了仇恨。13岁他因为打架伤人进了工读学校，现在还在工读学校上高二。他那有着研究生学历的妈妈，怎么也不会相信，自己一记重重的耳光，不仅剥夺了儿子的提问权，也打飞了儿子的好奇心，打跑了儿子的自尊心。

鼓励孩子思考，按自己的方式去思考，通往罗马的道路肯定不止一条路！尤其是孩子思考与自己不一样的时候，要时刻提醒自己——百花齐放满园香的简单道理。不强求不代替孩子的思考，鼓励孩子思考，并且按自己的思考积极地解决问题，只有这样，孩子才会真正地成长。

还给孩子一双善于发现的眼睛吧，让他们把这世界看得清清楚楚，明明白白！也让孩子带着自信心、自我欣赏的心，自我发现、自我超越，开始自己的人生之途吧！

家教建议：

❤ 思考是创造力的源泉，创新是民族的灵魂。学习知识要思考，发明创造要思考，完善人生也需要思考。所以，请尊重孩子的提问和思考。

❤ 使孩子的头脑变聪明的最重要的一点是给孩子一片思考的天地，让孩子自己动脑筋思考问题。大脑不运动就会生锈。

培养孩子珍惜时间的习惯

珍惜一切时间，用于有益之事，不搞无谓之举。

——（美国） 富兰克林

德国著名的无机化学家、诺贝尔奖获得者阿道夫·冯·拜尔在他的自传里提到自己小时候一次难忘的经历。

那是在小拜尔十岁生日的时候，前一天晚上他躺在床上就高兴地预想着父母一定会为送他一份大礼物，为他热热闹闹地庆祝一番，因为德国人对家人的生日是十分重视的。但是，那天早晨起床以后，父亲还是老样子，一吃完早饭就伏案苦读，母亲领着他上外婆家不咸不淡地消磨了一整天。小拜尔有些不高兴了，细心的母亲发现了，便耐心地开导他："在你出生的时候，你爸爸还是个大老粗，所以现在他要和你一样努力读书参加明天的考试。妈妈不想因为庆祝你的生日而耽误爸爸的学习。妈妈在为明天我们的生活能够丰富多彩而尽心尽力呢。你也要学会珍惜时间学习呀！"

这番教诲从此就成为拜尔的座右铭了，认为这是"10岁生日时，母亲送给他的一份最丰厚的生日礼物！"

有人说"时间就是金钱"，其实完全可以认为时间就是生命本身。时间是独一无二的，对每个人来说是只有一次的宝贵资源。每个人的人生旅途都是在时间长河中开始的，每个人的生命都是随着时间的推移而发展起来的。只有那些能够把握时间，会利用时间的人，才能最早接近成功的终点。

时间总是在不经意间悄悄溜走，如果不去主动抓住它，它永远不会停留。回首以前的岁月，很多人都知道自己浪费了许多光阴，为了孩子的人生不再重演这样的失误，应该立刻行动起来——让孩子从今天开始开发时间这一宝贵的资源！

48.　严守时间是做人的美德

有一位英国著名文学家给朋友们出了一个谜语：

"世界上哪样东西是最长的又是最短的，最快的又是最慢的，最能分割的又是最广大的，最不受重视的又是最珍贵的；没有它，什么事情都做不成；它使一切渺小的东西归于消灭，使一切伟大的东西生命不绝？"

智者查第格猜中了，他说："最长的莫过于时间，因为它永无穷尽；最短的也莫过于时间，因为人们所有的计划都来不及完成；在等待的人，时间是最慢的；在作乐的人，时间是最快的；它可以扩展到无穷大，也可以分割到无穷小。当时谁都不加重视，过后谁都表示惋惜；没有时间，什么事都做不成；不值得后世纪念的，它都令人忘怀；伟大的，它都使它们永生不朽。"

时间是如此重要，我们就应该严格地遵守时间。严守时间是做人的美德，也是成功的保证。

伟大的革命家列宁是严格讲究准时的人。他组织召开的会议，不管到会有多少人，他总是要求准时开会。人民委员会遵照列宁的嘱咐，在会议桌上摆着一个带秒针的钟，迟到的委员都要被记录下名字，并且注明迟到几分钟。列宁严肃地警告一再迟到的人："再迟到就登报！"

美国第一任总统华盛顿也是严守时间的人。他的秘书几次迟到，都推说手表不准。华盛顿就爽直地提出："或者是你换一只表，或者是我换一个秘书！"

守时，是一种道德的行为。你迟到了，就是浪费了别人的时间，说严重点，是浪费了别人的生命，是不道德的表现。

著名教育家马卡连柯十分重视对孩子进行时间教育。他说："任何孩子从顶小的年纪起，就应当受严守时间的训练，清清楚楚地给他们划出行动的范畴。"

他还说："养成遵守时间的习惯，是一种对自己进行严格要求的习惯。在一定的时间起床，是对意志的最根本的训练，它可以改掉在被窝里幻想的习惯。吃饭的时候准时入座，是对母亲、对家庭和其他人的一种尊重，也是一种自尊的态度。在所有的事情上严守时间，那就等于维护了父母的威信，遵守了法律。"

当你每天醒来，口袋里便装下了 24 小时的时间，这是属于你自己的最宝贵的财富。如何使用这份财富呢？那就给自己上一门"时间利用课"吧。

认真制定一个生活时间表，将每天起床、洗漱、锻炼、用餐、学习、劳动、游戏、看电视、看书、洗脚、睡觉的时间安排好，按时去做。如果你能对日常生活时间养成分秒必争的好习惯，就等于延长了自己的生命。

别犹豫了，快点行动吧！

记住鲁迅先生的话："节约时间，也就是使一个人的有限的生命更加有效，而也即等于延长我们的生命。"

49. 不要为错过的太阳而叹息

每一个爱孩子的父母，都会爱惜孩子的时间；每一个有责任感的父母，都会从小对孩子进行严守时间的训练。而假期正是为孩子上"时间利用课"的极好机会。

把时间全部交给孩子，教他们自己支配，告诉孩子：你的心爱之物，可以珍藏在家里，锁在箱子里，但是时间藏不住、锁不住。世上没有时间的收藏家，但每个人都可以做时间的主人。就像鲁迅先生说的："时间就像海绵里的水，挤总还是有的。"

有一天，著名教育家班杰明接到一个年轻人的求救电话。年轻人说，希望能与他见面，并请教成功的秘密。班杰明与年轻人约好了见面的时间和地点。

当那个年轻人如约而至的时候，班杰明的房门大开着，眼前的景象令年轻人大吃一惊：班杰明的房间里乱七八糟，狼藉一片。

没等年轻人开口，班杰明就招呼道："你看我这儿太乱了，请你在门口等一分钟吧。"他边说边把房门关上了。

不到一分钟的时间，班杰明就又打开了房门，并热情地把年轻人让进了客厅。这时，年轻人的眼前是一个非常整齐的房间，桌上还放了两杯刚倒好的红酒。

班杰明举起酒杯说："干杯，年轻人，你已经得到答案了吧。"

年轻人很尴尬地说："可是我还没向您请教呢……"

"这难道还不够吗？"班杰明一边看着自己的房间一边说："你进来有一分钟了。"

"一分钟？"年轻人若有所思地说："我懂了，您让我明白了一分钟时间可以改变很多事情。"

教育家班杰明仅仅用一分钟的时间就让一个凌乱的房间变成一个整洁的世界。原来一分钟如此重要，它能改变那么多事情。这是多么令人惊叹啊！对我们来说，一天就是去游乐园的时间，一个小时就是看动画片的时间，一分钟就是赖在床上不想起床的挣扎时间。

做父母的，更是应该以身作则，更应该珍惜时间。当你告诫自己的孩子，不珍惜时间学习就是"图财害命"时，自己却一宿一宿地玩麻将，难道父母的时间不宝贵，不是在慢性自杀？

原来我们一直没有利用好时间，不管一分钟还是一天，都让它白白地浪费了，这是多么可惜的一件事！可是当我们为错过的太阳而叹息时，连晚上的星星也要错过了。所以，哀叹也是没有用的，错过了就错过了，从现在开始，我们不要再浪费时间，要珍惜每一分钟。

珍惜现在的时间，就要改掉那种拖沓的坏习惯，养成立即行动的好习惯。那些懒惰的人最喜欢给自己找借口，他们最重要的特征之一就是拖沓，把今天的事情拖到明天，明天的事情拖到后天，可能还要一直拖下去。

我们常常会感觉到自己被琐事束缚而无法做更加重要的事情，我们经常为把时间浪费在无趣与没有意义的事情上而无法挽回深感懊恼。当父母的，帮助孩子找到浪费时间的原因，这才是根本所在。

◎ **办事拖拖拉拉**。孩子做事情的时候经常不知道着急，总是到了紧急的最后时刻才临时抱佛脚。看看你的孩子是不是每次开学前一两天晚上才开始做作业。

◎ **事前缺乏周密计划。**做事情以前根本就没有想好先做什么后做什么，当然就会把时间浪费了，观察一下孩子的房间是否井然有序，乱七八糟、杂乱无章就是缺乏计划性。

◎ **因小失大。**在有许多事情要做的时候，不管孰轻孰重，不讲究先后顺序就开始做了，事后才发现更重要的事情已经没有时间做了。"捡了芝麻丢了西瓜"。

◎ **半途而废。**有些人做事情的时候，总是不能坚持到底、善始善终，经常站在这山望着那山高，半途而废"追求"另一件事去了，结果就像掰玉米的猴子一样一事无成。

◎ **外界的干扰。**有些人一边埋怨时间不够用，一边煲电话粥或者与朋友同学大街小巷地瞎逛，看看孩子有没有为这些乱七八糟的事情费心费神。

50. 5岁前，培养孩子的时间意识

"一寸光阴一寸金，寸金难买寸光阴！"从小培养孩子的时间意识，使孩子懂得珍惜时间，学会管理时间，成为时间的真正主人，对孩子的成长可谓大有裨益。

马来西亚《光华日报》曾刊登一篇题为《如何培养幼儿时间观念》的文章，文章指出，"时间"这个看不见、摸不着的概念，很难通过解释说明的方式，让孩子了解到它的意义。并且，对婴儿来说，教他们认时钟也很不现实。

因此，应该通过培养孩子有规律的生活，将时间概念以非常自然的方式融入日常生活，让吃饭、睡觉，都变成培养时间观念的一个环节。

育儿专家强调，培养孩子良好的时间观念，5岁以前是关键。

2岁前：以活动区分时间段

出生没多久的孩子，吃、喝、拉、撒、睡，都是跟着感觉走，饿了就要喝奶，困了就要睡，时间概念相当混乱。在这个阶段，不必刻意调整他的作息，尽量满足其需要。

而到孩子一个月大时，他就能自然按照父母安排的生活，产生初步的时间观念，形成按时睡眠，按时吃奶的正常"生物钟"。

等到1岁左右，孩子的睡眠时间逐渐减少，生活中除了吃、睡，还多了活动的时间。这时，父母就要着手调整他的作息了。比如固定白天玩耍、睡午觉的时间；晚上则陪他进行较安静的活动，作为睡眠前的暗示。

父母还可以指示孩子用动作和语言来培养时间观念。例如，每天早上，孩子会爬起来要求穿衣；随后指着毛巾要洗脸、洗手。慢慢地，孩子会逐步形成"运动定型"，以后就能养成做事遵守时间的好习惯。

2-3岁：用数数感受时间流逝

两岁到两岁半的孩子已经有了"数数"的能力，父母可利用数字，让他们了解时间流逝的感觉。比如，可以把"等一下"这样的抽象概念换成从1数到100。在捉迷藏时，请他数到20再睁开眼睛，让他了解时间如何在1、2、3……的数数中度过。

随着孩子能力的逐渐增强，孩子会感觉到时间其实就是由一段段事件组成的，而且，它会在事件的进展过程中流逝。

此时，父母还应该让孩子接受"时间刺激"。可教他拨时钟指针，并告诉他，当指针转到某一位置时，就表示该进行某些活动了。画画、玩玩具、做游戏等都要按时进行，按时结束，以养成孩子守时、惜时的好习惯。

3-4岁：认识时间词汇，使时间具体化

这一阶段的重点是将生活中的具体行为和时间结合在一起，帮助孩子认识时间词汇。生活中可以增加早上起床要喝牛奶、天黑时要睡觉等对话，通过日常生活琐事，加强他对白天、中午和夜晚的印象。

5岁至学龄前：简单了解"过去"和"未来"

父母可以利用故事书中事件的进展来讲解时间。起初，最好选用时间跨度较小，与日常生活作息密切相关的故事，如小熊的一天等。之后根据孩子的反应，再讲较复杂的故事，进而带入"未来"的时间概念，让他知道"未来"和"马上实现"是截然不同的。

只有从小意识到时间的变化，养成做事情坚持在规定的时间内合理完成，这样孩子就会逐渐形成自己的作息时间和观念，从而更好地利用好时间，做到学习玩耍两不误。

家教建议：

❤ 爱生命，就要爱时间，懂得珍惜和利用时间的人才会创造出生命的奇观。

❤ 让我们从现在开始，抓住身边的分分秒秒，养成珍惜时间的好习惯。

❤ 一个有时间感的孩子，通常做事情都比较有条理、主次分明，懂得合理的使用和分配时间。这种时间感的培养，与父母的引导息息相关，有目的地训练孩子的时间支配能力，培养孩子有条理的思维习惯非常重要。

保护孩子的好奇心

好奇心是学习者的第一美德。　　　　　　——（波兰） 居里夫人

好奇心是科学工作者产生无穷的毅力的源泉。

　　　　　　　　　　　　　　　　　——（德国） 爱因斯坦

好奇心是孩子创造力的表现，许多天才的发明往往都来源于好奇心。牛顿因为对一个苹果落地好奇发现从而探索出万有引力定律；托尔斯泰对故事的好奇，成为全世界最伟大的作家；凡·高对光和影的好奇，绘画出伟大的艺术作品。孩子常常会指着那些新奇的东西，问这是什么，那又是什么，为什么会这样……这些让他们表现出极大兴趣的新奇事物，很有可能就是我们习以为常的东西。

可不能小看孩子们的这些奇思妙想，这中间往往蕴藏着不可预测的潜能。有关专家在研究北大、清华学生的学习动力时，发现所有的动力源都是对知识的新鲜感，即好奇心，好奇心是人获得智慧的关键。保护孩子的好奇心，就是保护孩子的未来幸福。

好奇心是孩子们的天性，也是他们敢于探索新知，敢于创新的动力。创造精神就像是一双巨大的翅膀，能带着孩子在知识的天空里展翅高飞。父母可从保护孩子的好奇心开始，培养他们的创造精神。可是很多父母却忽视了孩子的好奇心，认为孩子的许多问题都滑稽可笑。然而，正是好奇心的驱使，莱特兄弟才发明了飞机。

世界上第一架飞机的发明者莱特兄弟，小时候是一对富有好奇心的孩子。有一次，兄弟俩在大树底下玩，两人产生了爬上树去摘月亮的想法。结果，不仅没有摘到月亮，反而把衣服都挂破了。他们的父亲见此情况，并没有责骂他们，而是耐心地引导他们。

在父亲的引导下，兄弟俩日夜为制作能骑上天的"大鸟"而努力。这期间，父亲不失时机地买了一架酷似直升机的玩具送给他俩，这更加激发了他们对制造升空装置的浓烈兴趣。他俩不断地学习升空技术方面的知识，翻阅了大量有关飞行的资料。在父亲的鼓励下，经过多次试验，兄弟俩终于发明了世界上第一架飞机。

孩子由于好奇自然会提出些问题，可是有些父母会对孩子说："问这么多，烦不烦？"也许，孩子的好奇心就在父母不断的斥责声中毁灭了。其实，我们也可以像莱特父亲那样，注意倾听孩子的问题、想法，尊重孩子的观点，积极地引导孩子的好奇心，培养孩子独立思考、探索新知的能力。这样，孩子就能在不断地发现和思考中增强创新能力。

或许我们的孩子也有好奇心，但是作为父母，我们是怎么对孩子的呢？

51. 儿童为什么喜欢损坏玩具？

先让我们来看看著名数学家陈景润是怎样保护孩子的好奇心的。

陈景润的独生子叫陈由伟，他天性聪明，对任何事物都有强烈的好奇心。一天，年幼的陈由伟独自在家玩耍。他对一个精致的玩具小汽车特别感兴趣，想拆开来看个究竟。可是，拆开来容易，想要再装好就困难了，眼看着一个几十元的玩具就这样报废了，小由伟心想这下可闯祸了。

果然，母亲发现后，非常生气地说："这可是你爸爸买给你的生日礼物，刚买没几天，你就把它弄坏了，看爸爸怎么批评你。"

晚上，小由伟一直惴惴不安地等待着爸爸的批评。可出乎意料的是，爸爸不仅没有生气，反而非常和蔼地笑着说："由伟，爸爸陪你一起把玩具装好，好不好？"

130

就这样，陈景润破例放下手中的数学研究，和儿子一起捣鼓起玩具来，一边玩，还一边给由伟讲解玩具的构造。经过一个晚上的努力，父子俩终于成功地将玩具恢复了原状，由伟也学到了不少机械知识。

我们可能都会称赞陈景润的教育方法：与孩子一起动手装玩具，既保护了孩子的好奇心和求知欲，又在拆装的过程中让孩子了解了玩具的构造，在潜移默化中教育了孩子，让他明白一个道理：自己做的事情要自己负责，自己想办法解决问题。

儿童为何喜欢损坏玩具呢？意大利著名教育家蒙台梭利说，"这是因为他想知道这件东西的构造"，"他在寻找玩具里边是否有有趣的东西，因为从外观上玩具没有一点使他感兴趣的地方。"作为父母，我们有责任保护孩子幼稚的好奇心，并采取合适的方法满足他想了解外部世界的强烈欲望。

52. 好奇心背后隐藏的创造力

孩子似乎对身边许多大人看来司空见惯的事情都充满了强烈的好奇心，儿童教育家蒙台梭利在谈到儿童为什么总是破坏玩具时指出，"这是因为他想知道这件东西的构造。"在我们看来问题也一样，孩子想弄明白这个世界上的万事万物为什么会这样，而不能换成别的样子。这种追根究底的探索精神背后隐藏着一种创造力。比如我们前面曾提到的莱特兄弟，正是因为他们幼年时的好奇心使他们最终发明了飞机。可以说，好奇心是他们创造历史的起点。

著名航海家哥伦布小的时候也是因好奇心，逐步开始他的探险之旅的。据说有一次老师正在讲授地理知识，发现许多学生在交头接耳，只有一个学生两眼直直地看着黑板，老师很高兴，以为在自己的学生中，总算找到一个忠实的听众。于是，他就指着这个学生问："请你回答，地球是圆的还是方的？"连问三声，这个学生竟然毫无反应。直到老师走下讲台把问题又重述了一遍，被问的学生不假思索地答道："是方的。"整个教室里一片笑声，老师失望地摇摇头。这个学生就是哥伦布，他上课走神了。

下课后，同学们嘲笑哥伦布："原来地球是方的。""是方的还叫地球？"面对同学们的奚落，哥伦布反问道："你说地球是圆的还是方的？"

"当然是圆的。"一个同学回答。

"你怎么知道是圆的？"哥伦布进一步追问。

另一个同学回答："老师是这么讲的，你不听老师讲课，还反问别人，笨蛋。"

"老师讲的就一定正确吗？"哥伦布反问。

"老师讲的还能有错？"好几个同学一起说。

哥伦布一时没有词了，但他也不甘示弱，想了想，又问："地球有边吗？"这下把那几个同学问住了，哥伦布很得意。突然一个同学说："你别得意，我知道地球有边，地球的边就是大海。在东边，是亚得里亚海；南边，是爱澳尼亚海；西边，是第勒尼安海……"

那个同学丰富的地理知识让哥伦布心生佩服。同学之间的这些看似天真的问题确实使哥伦布对地理知识产生了浓厚的兴趣。可以说，哥伦布发现新大陆首先是从这些幼稚的问题开始的。

53. 保护孩子的好奇心

许多孩子都有极强的好奇心，他们总是问这问那，父母经常被问得哑口无言。这时候，父母会对孩子的问题一笑置之，有时候甚至会流露出极其厌烦的神情。或许我们觉得孩子的问题过于幼稚，没必要回答，可是父母的任何一种态度都会直接影响到孩子，他们可能因为父母的不耐烦而不敢再提问题。不让孩子提问题可以让我们得到片刻的安宁，可是却在不知不觉中压制了孩子的好奇心和求知欲，将来如果孩子在学习中再遇到什么问题时，他们可能会选择沉默，这很不利于孩子的健康成长。仔细想想，孩子提出的许多问题并不是很容易回答的，要想回答清楚还真不容易。

俄国著名教育家塞德尔兹对于孩子提出的问题从来不嫌麻烦，总是认认真真地回答。一天，塞德尔兹正在与哈塞先生就孩子爱提问题这个话题进行讨论时，哈塞先生说："小孩子有时真的很烦，他那张嘴整天都没停过，叽叽喳喳不停地问这问那，我的头都快要被他吵炸了。"这时，小塞德尔兹手里拿着一本达尔文进化论的少儿读本走了进来。

"爸爸，进化论中说人是由猴子变来的，这是对的吗？"儿子问道。

"我不知道是否完全对，但达尔文的理论是有道理的。"

"可是既然人是由猴子变的，那为什么现在人还是人，猴子还是猴子？"儿子追问。

"你没有看见书上是这样写的吗？猴子之中的一群进化成了人类，而另一群却没有得到进化，所以它们仍是猴子。"塞德尔兹说道。

"这恐怕有问题。"儿子怀疑地说。

"有什么问题？"

"既然是进化论，那么猴子都应该进化，而不光是一群进化。"

"为什么这么说？"

"我觉得另一群猴子也应该进化，变成一群能够上树的人。"

这时，哈塞先生的脸上流露出不以为然的神色，他的眼光似乎在说："看你有多大的耐心。"

"那是不可能的，因为事实上是猴子当中的一部分没有得到进化……"

"为什么？"儿子仍不放过这个问题。

于是，塞德尔兹尽自己所能讲明其中的道理。这个问题讲清楚了以后，儿子又开始了另一个问题："可是为什么要进化呢？如果人能够像猴子一样灵活不是更好吗？"

"虽然在身体和四肢上猴子比人灵活，但人的大脑比猴子的灵活。"塞德尔兹说。

"大脑灵活又有什么用呢？又不能像猴子一样可以从一棵树上跳动到另一棵树上。"儿子说道。

"因为文明代表着人类的进步。"塞德尔兹解释说。

我相信许多父母都碰到过类似小塞德尔兹这样的孩子。他们的问题一个接一个，有些问题让大人觉得幼稚可笑。可是塞德尔兹没有像一般家长那样对孩子的问题流露出任何烦躁的情绪，而是很耐心地给他解释，他说只有这样才能培养起孩子的探索精神。

54. 父母应该如何珍惜孩子的好奇心

强烈的好奇心能使孩子产生学习的兴趣。孩子只有对学习产生了兴趣，才能从学习中体验到快乐，才会热爱学习，并主动学习。

诺贝尔物理学奖得主、美国加州理工学院物理系教授查德·费曼天生好奇，自称为"科学顽童"。他十一二岁就在家里设立了自己的实验室。在那里自己做马达、光电管这些小玩意，还用显微镜观察各种有趣的动植物。当他到普林斯顿大学念研究生的时候，他仍然保持着这样的好奇心。

费曼还在其著作《别闹了，费曼先生》一书中讲述了自己在念研究生时发生的一件事。为了弄清蚂蚁是怎样找到食物，又是如何互相通报食物在哪里的，他着手做了一系列实验，如放些糖在某个地方，看蚂蚁需要多少时间才能找到，找到之后又如何让同伴知晓；用彩色笔跟踪画出蚂蚁爬行的路线，看究竟是直的还是弯的。正是这些实验使他知道蚂蚁是嗅着同伴的气味回家的。

由此可见，费曼先生在物理领域取得的巨大成就与他强烈的好奇心不无关系。父母要想使自己的孩子也对学习产生兴趣，就应该保护孩子的好奇心，鼓励他们在满足好奇的过程中获取知识。然而，父母应该怎样做才是真正珍惜孩子的好奇心呢？

◎ **鼓励孩子细心观察生活，大胆地提出问题。**日常生活中，有许多新奇的事物吸引着孩子。父母可以培养孩子从小事、小细节中受到启发，引发更深层次的思考，并鼓励孩子勇于发现问题。

◎ **时常和孩子讨论问题，尊重孩子的观点。**讨论的话题应该是孩子感兴趣的。在讨论时，不能把自己的观点强加给孩子，毕竟，孩子也有自己的想法，有自己的思维方式。

◎ **让孩子自己探索问题。**有的父母只是注意丰富孩子的知识，不厌其烦地回答孩子提出的问题，这样一来，就会使孩子不能很好地开动脑筋、积极思考。父母应该鼓励孩子开动脑筋，认真思考，查阅相关书籍和资料，自己寻找问题的答案。

家教建议：

🕊 保护孩子的好奇心，父母应该从帮助孩子装玩具做起。孩子破坏玩具是因为他们想知道玩具内部的构造，父母组装玩具是在培养孩子的责任心。

🕊 在孩子幼稚的好奇心后面隐藏着一种极其强烈的创造性的力量。父母应该善于挖掘并合理保护这种好奇心背后的创造性的潜力。

🕊 请认真回答孩子提出的即使很幼稚的问题，因为只有这样才能保护孩子的好奇心，培养起他对未知领域的探索精神。

🕊 好奇心是孩子的天性，是值得父母珍惜的。当孩子对新奇的事物提出问题时，我们要认真地倾听，并加以引导，尽可能地让他们自己寻找答案。

充分发掘孩子的大脑潜能

想象力比知识更重要。　　　　　　　　　　——（德国）爱因斯坦

　　孩子的潜能是个巨大的宝库，要仔细观察和发现，懂得开发。很多专家分析，婴孩就有巨大的潜能，从孩子出生那天起就要开始教育，跟他说话，教他认知。

　　前不久北京电视台报道，一个6个月大的孩子壮壮识字上千个，经有关儿童教育专家测试，壮壮的认字能力的确很强。

　　我国围棋国手常昊从小爱下棋，还没上小学，象棋上父亲就不是他的对手了。从幼儿园回家的路上，常昊总在半路"失踪"，他是看人下棋去了。少儿围棋班开课半年了，不会下围棋的常昊才来，但围棋班的邱百瑞老师注意到，通常6岁孩子看人下棋，半小时就坐不住了，常昊一坐就是半天。兴趣本身就是一种才能，邱老师经常给常昊开小灶，小神童开始扬帆起程了。

　　每个人都有先天禀赋，后天的教育更重要。儿童的潜能如果不及时开发，就会递减。

55. 强化孩子的观察力

　　人的一生中，儿童时期正是智力发展的关键时期，这一时期的智力发展，将直接影响到一个人一生的智力发展。因此，抓住儿童智力发展的黄

金时期，及时开发儿童的智力潜能，是教子成才、助子成功的重要途径。

历史上，大凡智力高度发达的人，其观察能力都是比较强的。著名的俄国生理学家巴甫洛夫曾对自己的学生提出过这样的要求："应当先学会观察，观察。不学会观察，你就永远当不了科学家。"

著名的法国昆虫学家法布尔，从小就喜欢观察动物。在他 5 岁的时候，一天晚上，他忽然听到附近的丛林里传来一阵阵美妙的鸣叫声。他想，是小鸟在鸣叫吧？我该去看看。大人们吓唬他说，森林里有狼，专门吃小孩子。小法布尔却毫不胆怯，勇敢地钻进森林去观察、探索，结果他发现：发出鸣叫的不是小鸟，而是一种蚂蚱。从此，他对昆虫发生了浓厚的兴趣，后来终于成为颇有成就的昆虫学家。

观察力对研究自然科学的作用是极为重要的，同样，对于文学艺术也是必不可少的。鲁迅就曾教导文学青年："如果要创作，第一要观察。"

法国著名文学家莫泊桑拜福楼拜为师。福楼拜要求莫泊桑到马车站去观察马匹："马车站有许多马，你仔细观察那里的马，然后用一句话描绘出其中一匹马与其余几十匹马不一样的地方。"就这样，莫泊桑锻炼出了超人的观察力，因而，他的小说以人物刻画细致、入木三分而著称，在世界文坛享有很高的声誉。

怎样使孩子具有敏锐的观察力呢？

第一，把孩子带进大自然，使他们视野开阔，博览多闻。接触感性事物，是观察力发展的基本前提。

现在，很多孩子害怕写作文，"一写作文就头疼"。为什么呢？因为他们没有生活。如果整天把孩子关在屋子里，势必堵塞孩子的视野，又怎么能激发孩子观察事物的兴趣呢？

善于观察的人会发现，很多成功者都亲近大自然，喜欢大自然，大自然不仅能引起他们的好奇心，增强他们的想象力，更能激发他们的创造性。

牛顿尚未出生父亲便已病逝，母亲生下他就改嫁了，因此，他无人管教。牛顿小时候，整天在野外跑呀玩呀，在大自然中无拘无束的生活使他能与各种各样的自然事物相接触，渐渐养成了热爱自然的习惯，后来从苹果落地中发现了万有引力。达尔文在少年时代就整天在大自然中玩耍，认识了各种各样的昆虫，由此对小虫子产生了浓厚的兴趣，这种兴趣最终促

第四章　成就孩子一生的好习惯

使他成了一个伟大的划时代的生物学家……

在大自然里也能学习，而且能学到书本上无法找着的东西，活生生的事物要胜过死板的文字。与大自然的接触不仅会加深孩子对事物的认识，还会激发孩子的想象力和对学习的兴趣。

所以，家长要尽量利用业余时间带孩子去公园玩一玩、看一看，游览祖国的名山大川，多接触大自然。孩子在这些外出活动中，自然会对周围的事物产生浓厚的兴趣。家长可以利用这样的机会，引导和训练孩子的观察力。

第二，要帮助孩子确定观察对象。节假日，家长带孩子外出时，可以事先对孩子提出一些观察事物的题目：家门口增加了几栋楼？大街上增添了几家商店？动物园的猴子是怎么吃东西的？下雨的时候，雨是什么样子？刮风时，会发出什么样的声音？……长此以往，孩子就会留心周围的事物，逐渐改变那种凡事漫不经心、视而不见的习惯。

第三，对于上学的孩子，最好让他写观察日记，这样不仅可以锻炼孩子的表达能力和写作能力，也有助于培养良好的观察习惯。

另外，给孩子创造一些观察的有利条件，如让孩子自己养养小金鱼、小蜗牛、小蝌蚪，或者小鸡、小兔、小花、小草什么的，让他们观察这些小生命的生活情况，了解它们的成长过程。这一切，非常有利于孩子身心的健康成长。

56. 尊重孩子的想象力

想象力，作为创造性的认识能力，是一种强大的力量。如果没有想象力，我们的生活将毫无乐趣可言。佩尔特说："想象好比人的血肉，没有想象，人生不过一堆骸骨而已。"发明家富尔顿在制造出汽船之前，首先用他那双想象的眼睛看见了在海洋中航行的汽船。在发明飞机之前，莱特兄弟在他们想象的世界里看到了飞机。如果一个人的想象力没有得到充分的发展，不但不能成为诗人、小说家、画家、发明家，而且也不能成为科学家、建筑师、好的法官，甚至很难做出有创造性的成就，因为创造力的根源就是想象。

2002年9月，被称作"火星叔叔"的美国著名科幻作家——美国航天局刘易斯研究中心项目负责人兰迪斯博士来到中国科技馆给北京青少年作了一场关于火星探测的科普报告。兰迪斯博士中国之行的另一个目的是请中国少年为将于2003年发射的火星机器人起个名字。然而，许多少年为新的火星机器人起的名字没有多少新意，如"童年号"、"宇宙邮递员"、"蜘蛛侠"等，一半是老掉牙的名字，另一半来源于好莱坞的电影。孩子们似乎没有自己的"独家"想法。这种状况令人担忧，究竟是什么束缚了孩子们想象的翅膀？作为父母，应该如何培养孩子的想象力呢？

当孩子很小的时候，父母可以不必给他制定过多的规矩，让他们自由自在地成长。其中，注意保护孩子的好奇心是非常重要的。孩子的好奇心其实是智慧的火花，父母要善于发现并点燃这种火花，让它形成"燎原之火"。如果以为孩子在"胡闹"、"乱问"、"瞎扯"，大泼冷水，不屑一顾，那么孩子的创造性思维也会被遏制或消灭。心理学家指出，好奇心强是每个孩子的天性，但要将好奇心转变为孩子的思维能力，关键还在于父母、老师的后天培养。

做家庭作业时，有个小朋友画了一只四条腿的鸡，他的母亲看见了，连忙纠正说："你画错了，鸡只有两条腿。"孩子听哥哥和姐姐都这样说，立即不言，低头重画。爸爸看到了，则问："你的鸡真特别，你为什么要画四条腿呢？"孩子天真地回答："我喜欢吃鸡腿，希望鸡多长几条腿。"我们为孩子的回答叫好，更为那位父亲善于保护孩子的创造性思维而高兴。其实，孩子的想象力就是表现在平时这些司空见惯的小事上，父母必须学会引导孩子的好奇心。

现在的孩子聪明，这是人们的共识。可很多人也发现，这种聪明只是"表面现象"，因为你如果仔细观察就会发现，很多孩子的抽象思维能力、想象力、表达能力、创新能力等不如过去的孩子，遇到事情也不爱动脑筋解决。

造成这种现状的原因是什么呢？有媒体对此进行了深入调查，最终得出如下的结论：造成孩子们懒得动脑筋的原因，就是高科技时代的生活让一切都变得更为轻松了，而轻松的生活减少了孩子们动手动脑的机会。充斥在孩子生活中的动画与电子游戏，也因为声、光、色彩、图像的越来越完美，而挤占了孩子们想象的空间。

数百名中小学生曾参加一个随机调查，调查结果表明，95%的孩子业余时间的主要活动是"看电视"，而动画片是孩子们最喜欢的节目。这些孩子中有时间读课外书的不到20%，有听广播习惯的不到1%。在调查中，只有不到10%的孩子经常有户外活动，大多数孩子的主要游戏项目是电脑游戏。而在家庭生活中，能帮助家长做家务的孩子有50%以上，但90%以上的孩子使用洗衣机、微波炉、吸尘器等设备，所以，孩子们觉得做家务很简单，不用动脑筋。而孩子自己的生活中也早已实现了"全自动"，就连削铅笔也是"自动化"的。在这样的生活环境中，需要孩子动脑筋解决问题的机会确实不多。

正因为这种状况，我们做家长的一定要有意识地培养孩子的动手能力，做事情的务实精神。另一方面，也要多读书，这样孩子才会有想象力——想象力不是凭空而来的，一定是因为现实环境的一种反应和思考。

57. 培养孩子的自学习惯

对孩子来说，最重要的是让他们从小养成良好的自学习惯，有了自学的习惯，不论孩子是继续深造，还是参加工作，都能很好地利用这把钥匙去打开知识的大门。

"自学是人一生中最好的学习方式。"对此，钱伟长教授曾透彻地说："我出生在江南无锡农村，家里很穷，因此中小学没有很好地念过——但是有一点我是可以肯定的，就是大学毕业后，我没有停止过学习。我相信我可以打个赌，我现在每天学习的时间还比你们多。每天晚上8点开始，这是我的学习时间，不到凌晨2点，我是不停止学习的。我大学毕业那个时候，没有计算机、没有火箭、没有原子弹、没有宇宙飞船、没有半导体、没有激光；有的连名词都没有，按道理我对这些一窍不通，不过你们在学，我也在学，我全把它学来了。我虽然不是这个方面的专家，但我全懂，我是靠自学，靠不断地自学，所以学习是一辈子的事情。"

叶圣陶说过："只知道捧着课本笔记硬背，是没有用处的，至多只能应付考试。学会了自学的本领，养成了自学的习惯，将来离开学校，也能在工作和生活中不断地自我充实、自我修养，成为有益于人民的人，有益社会的人。"

具备了自学能力，孩子也就掌握了打开知识宝库的"金钥匙"，孩子的学习就能迅速地由必然王国走向自由王国。

自学能力，可以从查字典、词典、百科全书一点点去培养，日积月累，孩子就会在不知不觉中培养起来自己的自学能力。

现在风靡一时电脑、手机上网搜题特别多，家长一定要和孩子达成共识——自己的作业自己做，不会做的题目要完全搞清楚、弄明白，而不是简单、方便地抄答案。

家教建议：

❦ 有许多父母严格地限制着孩子，平时把孩子关在家里，生怕孩子在外面摔着磕着，孩子的娱乐活动只限制在家中，以为这是对孩子负责，是对孩子好。可是，没想到就是这样的呵护造成了一幕幕的悲剧。我们不能保护孩子一辈子，但是我们可以培养他适应社会的生存能力。只有具备了基本的生存能力，孩子才有可能平平安安。

❦ 利用神话、寓言以及孩子的好奇心，给孩子编织一个五彩缤纷的想象世界，这样可以充分发展孩子的创造力。

❦ 自学能力是自我获得知识与人才成长的最基本、最重要的一种能力。

随时记录自己的想法

读一本好书，就是和许多高尚的人谈话。　　——（法国）笛卡尔

做家长的，都希望自己的孩子从小努力学习，长大成为有用的人，这是对的。问题是，有的家长把"努力学习"片面地理解为死读书，让孩子整天做题、补习、考试……有位父亲为了让孩子考上大学，竟把孩子锁在家中，不许他上学。他让孩子每天清晨5点起床，深夜12点才准睡觉，逼着孩子把课本、习题、答案全背下来，其他的书一律不准看。结果孩子虽然在13岁时就考上了大学，但好像早已与世隔绝，连长江的源头在哪里这些基本的地理常识都不知道……

对中小学生的家长来说，培养孩子要弄清一个问题：什么是有用的人？我们说，真正有用的人，是那些有理想、有道德、有知识、有体力的人，是懂得终身学习的人。只有这样，他们才能适应新时代飞速发展的变化。

联合国教科文组织指出："未来的文盲不是不识字的人，而是不会学习的人。"这就说明，教会孩子学习，教会孩子终身学习，是一个被全人类所关注的问题。

21世纪是知识经济新时代，这个时代需要的是有创造力、勤于开拓的人。不会学习，就掌握不了新的知识，也就不会有创造的能力。孩子只有从小学会独立学习，养成热爱学习的好习惯，长大了才能够独立地生存在这个世界上。

3000年前，古希腊生物学家、教育家普罗塔戈曾经讲过一句话："头脑不是一个要被填满的容器，而是一支需被点燃的火把。"

58. 让孩子养成专心致志的学习习惯，提高学习效率

"专心致志"是形容一个人做事全神贯注，一心一意。这就是告诉我们，在观察时就专心观察，在思考时就专心思考，在学习时集中注意力，在玩耍时就专心玩耍，无论做什么事，都用全部精力去做。

孩子注意力跟父母的言行也有关系。如果爸爸妈妈做事集中精力，孩子无形中就会养成集中精力的好习惯。那些注意力很集中、学习成绩非常优秀的孩子，很大一部分是受他们的爸爸妈妈的影响。

有一个孩子各门功课都很优秀，玩的时间很充裕。人家问他为什么学习那么好呢，他说关键是该做什么做什么，从来不分心。他爸爸是一个学者，经常写论文，非常专心，喊爸爸吃西瓜他都不吭气。从小看爸爸这样，就跟着学，人家叫他去玩，他说我还没有写完作业，就这样形成习惯了。很多孩子注意力不集中，跟家长有关系，孩子写作业，家长打麻将、看电视、看球，你的状态在运动之中，孩子就坐不住。

如果你想让孩子养成专心致志的习惯，这里有两个建议：

第一，最好在孩子小学低年级的时候，爸爸妈妈在家安定一下，到晚上把大灯关掉，小灯打开，大家都在自己的桌前做自己的事情。孩子看到家里有学习的气氛，就养成了习惯。

第二，别总对孩子说你瞧你怎么就坐不住，你瞧你坐的什么样，坐不了几分钟就出去跑。这些话就是在塑造孩子，孩子脑子里就会形成我就是坐不住的孩子，我就是出去跑的孩子。如果一个孩子玩电脑很专心，他就知道专心是什么感觉，我们把正面的东西描述得具体一点儿，把负面的东西慢慢地在孩子的字典中去掉，这样孩子就能走正道了，不要把他看成病人。看成病人之后，家长的焦虑使孩子有了负面情绪，本来不多动也多动了，人都是这样的。多接触正面信息，慢慢地孩子就会更阳光一点儿，而且更能够踏踏实实的。

人的注意力集中不集中，将决定他未来成就大小，其实人的智商差异不是很大，但是注意力差异就大了。晚上所有的灯都灭了的时候，打开家里的灯，你是不是觉得特别亮，为什么呢？因为电灯一下都灭了，相比之下，你这个灯就显得特别亮。一个人如果把自己的精力全部集中起来做一件事，叫聚精会神、全神贯注。为什么科学家成就高？因为他们把所有的

精力都集中在这一件事情上。

　　还有一种是注意力高度集中一段时间后，就要换点别的，长期做一件事情就会疲劳，永远都处于不集中的状态。所以家长要控制一下时间，该集中的就集中，什么都不说，该玩的时候就不提学习的事，专门玩，孩子能控制自己，这叫好习惯。一般21天能养成一个习惯。比如说孩子写作业，要专心写，不仅为了写作业，也是为了培养孩子的注意力，这段时间不干别的，今天什么事都不干，就是在专心写作业上下功夫，每天督促一下，让他在几周之后养成这个习惯，慢慢来，一点一点来，看到孩子的进步。

　　爸爸妈妈用耐心、专心来培养孩子专心致志的习惯，这可能对孩子一生是非常有益的。另外还有一点，孩子跟你说话的时候手里千万别拿东西，专心致志地听他说话，尤其是小孩子，从小形成这种印象，他做事就能专心。当孩子有注意力不集中的情况，老师反映给你的时候，家长千万别着急，不要原封不动地把老师的话告诉孩子。作为家长我们要一点点引导孩子，从专注于某件事情开始，逐渐养成做任何事情都可以迅速专注下来的能力和习惯，这样对孩子的一生都是非常有益的。

　　养成做事情聚精会神的习惯，尽量避免外界的干扰，很短的时间就能完成大量的事情，就不会出现手忙脚乱、苦于应付的难堪局面了，效率提高了，时间也充裕了。

　　现在很多父母反映，孩子有个共同的毛病，就是爱磨蹭。事情并不多，孩子为什么磨蹭呢？我们知道，当一个人做一件事情的时候，如果说做完了还要加码，就会很慢地去做。有一个小朋友说，他一篇作文写了一天。为什么会这样呢？他说你不知道，我做完了以后，妈妈又给我留别的作业了，我就把题目先写上，一会儿我再写两行字，到睡觉之前才能完成呢，这样的话妈妈就不给我留别的作业了。

　　人怎么才能提高效率呢？要告诉孩子，你在这个时间内完成这个作业，剩下的时间全是你的。于是他就抓紧时间，会很迅速地做完，因为他会获得自由的时间，当然要很快地做作业，于是他就学会了提高效率。

　　所以，那些考试优秀的学生，常常是把作业当考试，把考试当作业。在自己写作业之前，先放一个闹钟在那儿，迅速完成，然后检查两遍，闹钟响了我也完成了。等考试的时候也就不紧张了，跟平时作业一样的状态。

所以爸爸妈妈不要没边际地留作业，一定要非常有度，在一个小时之内，不能超过这个时间。

学习并且有效，并不是单纯坐下来做题就可以达成的，一定要有发自内心的学习热情和动力，才能起到好的学习效果。

59. 每天阅读30分钟

书作为知识的主要载体，是人类共有的精神财富。读书使人充实，可以提高修养、改造思想、增长技能。每天空出 30 分钟来阅读，你就有意想不到的收获。

阅读好书就像跟历代名贤圣哲促膝长谈，他们高尚的情操会对我们产生潜移默化的影响，所以大量阅读是完善自我的必由之路。或许偶尔读到的一本书，会使你顿悟某个伟大的道理，从此思想产生质的飞跃。也或许另一本书，把你带入一个全新的领域，从此你明确了奋斗的目标，最终走向了辉煌。林肯少年时，就因为偶然一次阅读了华盛顿和亨利·克雷的传记，从此立下宏伟的志向，最后成为"美国历史上最受人尊敬的总统。"

据说，被全世界公认的智慧者——犹太人有这样一个习俗：在孩子小的时候，母亲就会把《圣经》翻开，在上面滴上蜂蜜，让孩子去舔。其实，这样做的用意无非是想让孩子从小就牢记：书是甜的！读书是一种美好的享受！

上海复旦大学附中学生汤玫捷去美国交流学习一年，回来后说，美国的政府官员和大公司的主管们都非常关注各国青少年的成长。他们通常会问汤玫捷一些"中国孩子都看什么书"、"中国孩子如何应对考试"之类的问题，似乎在他们看来，中国的 GDP 不是威胁，真正的威胁来自下一代。所以，当他们与酷爱读书的汤玫捷熟悉之后，总会这样开一个美国式的玩笑："看来，中国确实在威胁美国了。"

哈佛大学前任校长艾略特说得好："养成每天用十分钟阅读有益书籍的习惯，二十年后，思想上将有大改进。所谓有益的书籍，是指对身心健康成长有益的书籍，不管是小说、诗歌、历史、传记或其他种种。"

为了心灵的成长，让我们读书吧！因为，读书能使我们今天比昨天更有智慧，今天比昨天更加慈悲，今天比昨天更懂得爱，今天比昨天更懂得宽容，今天比昨天更懂得生活的美好。

阅读，重要的是掌握方法。有的书泛读即可，有的书则需要深读。凡是时尚而肤浅的书籍不可深读，更不可多读。凡是伟大而隽永的作品必须多读、深读，还要养成做笔记的习惯，以便随时查阅。以下是一些阅读的方法，有兴趣的父母和孩子不妨参考一番。

◎ **制定一个阅读计划。** 终其一生，我们也不可能尽览群书，所能做的就是利用有限的时间，找到自己的阅读兴趣点，有选择性地阅读。

◎ **针对不同的阅读对象制定不同的阅读方法。** 休闲读物主要是拿来消遣之用，沉迷则显失态；文学经典则蕴藏名家的思想和前史特定的文化甚至政治氛围，有时看一遍下来似懂非懂，就需要反复不断地琢磨；科普读物涉及生活中一切事物的由来、源头，读来就需要精细一些。

◎ **坚持做好读书笔记。** 随着我们读的书越来越多，对已读过的内容会随着时间慢慢淡忘，如此一来，岂不是做了无用功？为自己准备一个阅读笔记本，随时记下自己认为经典的段子，或者是心得，过一段时间拿出来翻一翻，你会受益匪浅。

◎ **把图书当成一种人生的享受。** 读书可以让人安静地沉浸于书与自己的世界，有一种在悠然中给人启迪和开阔心灵的效果，这是阅读给人难得的精神享受。

60. 随时记录自己的想法，好记性不如烂笔头

当今时代是信息爆炸的时代，每天我们可以获得的各种信息实在太多，而人脑的记忆功能毕竟有限，如不及时做好笔记，看到的、听到的就会如过眼云烟，一段时间后，很难找回当时的回忆。如能及时做好笔记，需要的时候一翻即得，说话能滔滔不绝、出口成章，写文章就能引经据典、一气呵成，即所谓的"厚积薄发"。

说到勤于动笔，大家应该很容易会联想到一些成功的大作家们，他们也有这样的习惯，例如，一些作家随身带着卡片，忽然间来了灵感，或有好的想法时，就立刻记下来，这样越积越多，到进行文学创作时，其中有

很多的卡片就能用上。还有些学者有记读书笔记的习惯，每读一本书时，爱记下其中一些好的句子，或对其中一些东西发表自己的见解和看法。长时间坚持不懈地这样做，终会成功。

有一位我们十分熟悉的作家，他的床单上、桌布上、雪白的墙壁上都密密麻麻地写满了让人似懂非懂的文字。当然，我们随时记录的行为不用这样夸张，但随身带上纸和笔，总不是一件坏事。许多科学家都有随身携带纸笔，随时记录的习惯。如果那些从事创造活动的科学家们没有这样的习惯，那么我们所生活的这个世界的许多文明成果可能就无法产生了。

做父母的，一举一动都受孩子关注，有了好的习惯，孩子才会去模仿。衣兜里随时揣上纸和笔，这仿佛是在告诉自己："我能把随时闪现的想法记下来，我能抓住灵感的翅膀，不让它飞走！"

上初二的贝贝有一个这样的习惯，就是勤于动笔。她兜里总是装个小本本或者卡片，出门了，把看到的新奇的风物、景致、自己的感想，都三言两语地记录下来。读书时，如果是自己的书，她会在书的边沿写上心得，所谓不动笔墨不读书；如果是借阅的书，她会在自己的笔记本上写上心得或者摘抄。

即使看电视、读报，贝贝都不会忘记把一些新奇的词句、事情摘抄下来。现在贝贝已经积攒了五个笔记本，卡片也积攒了不少，全部密密麻麻地写满了字。

平时积累的大量材料让贝贝写起作文来得心应手，从不发愁没有材料；在课堂上发言也颇具说服力。

可见，培养勤于动笔的习惯，对学习、写作能力的提高，以及丰富生活阅历，积累经验都有极大的影响。

家教建议：

玩儿也是孩子生活的一部分。我觉得爸爸妈妈留任何的作业一定要限量，这样孩子就能形成抓紧时间的好习惯。

人的思想是了不起的，只要专注于某一件事情，那就一定会做出使自己感到吃惊的成绩来。

面对阅读，你要充满极大的热情和兴趣；面对阅读，你必须把它当作陪伴一生的习惯。

随身携带纸和笔，把自己脑中闪过的灵感捕捉下来。

自己的事情自己做

吃自己的饭，流自己的汗，自己的活自己干，靠天靠地靠祖上，不算真好汉！

——（中国）陶行知

"鸡妈妈"的溺爱使母爱变成了"母害"。

如今，由于我们大多数只拥有一个孩子，很多年轻妈妈产生了惧怕心理：生了男孩怕学坏，生了女孩怕受害。

很多年轻妈妈就像老母鸡一样，把孩子呵护在自己的翅膀下，整天提心吊胆，不敢离开半步，生怕失去自己唯一的"宝贝"。不知不觉，步入了教育的误区。于是，母爱变成了"溺"爱，母爱变成了"母害"。

有一位经验丰富的教师说道，你吃鸡蛋的时候观察过吗？所有的鸡蛋都有空隙，因为有空隙才能生存。如果鸡蛋变成实心的，必死无疑。

我们难道还不如一个鸡蛋吗？父母为什么不给孩子留出足够的成长空间呢？

孩子在成长的过程中必定要经历一些磨难。磨难是人生最好的历练，大凡有作为的人都是在磨难中站立起来的。如果大人替孩子打理一切，化解所有磨难，一时顺利了，或许换来终生的软弱和依赖。

石家庄市一名学习成绩很好的女孩子，去参加市里组织的三好学生夏令营，姑姑非要跟着去。原来，这个女孩子自己不会梳头，不会倒开水。结果，五天的夏令营她只过了三天，因为"不适应"而提前回家，当了"逃兵"。

参加北京市中小学生北极村冬令营的一名小营员，在零下三四十摄氏度的东北雪原长了一身痱子。原来，这名小营员临出发前，妈妈千叮咛万嘱咐，一定要多穿衣服，但没有说热了时要脱衣服。这名小营员根本不会照顾自己，在暖烘烘的屋里也穿着出门时才穿的羽绒衣裤，难怪他焐出一身痱子！

还有一个妈妈送读初中的儿子上学，同学们见了一劲儿挤眉弄眼，妈妈刚刚离开，孩子们就嚷了起来："宝贝，妈妈送来的？""你真是一个乖儿子啊！"

对孩子过度保护的父母也许不会想到，你的爱的举动可能让孩子很尴尬呢！久而久之，孩子会因为父母的包办而能力低下，并因无能而自卑，因自卑而愈加无能，如此循环，后果可以想见。

你看，溺爱带给孩子的只有懦弱和无能！面对竞争激烈的未来世界，等待孩子的只能是失败！既然是孩子自己的事情，就不要代替孩子决定，而要让孩子自己学会选择；不要代替孩子体验，而要让孩子自己学会品尝；不要代替孩子总结，而要让孩子自己学会反思。父母们，请把独立自主的能力还给孩子。

61. 不要溺爱孩子

现实生活中，溺爱的典型屡见不鲜。不少家庭生怕孩子吃苦受累，孩子在家里衣来伸手、饭来张口，自己的事情也让家长包办，滋长了许多恶习，自私、懒惰、动手能力差。有些学校周末让学生大扫除，竟然有拿着扫把、水桶的爷爷奶奶来帮忙，让老师哭笑不得。

某校校长曾讲述了这样一个故事，学校开学后来了许多新生，一位母亲为孩子每天穿哪件衣服都编了号。有一天下雨了，这个孩子却穿着单衣外出，结果感冒了，孩子却在责怪父母为什么穿这件。家长说，实在对不起，我不知道今天变天。有一个孩子参加冬令营，孩子从小跟他妈一被窝，现在住上铺，晚上害怕，钻到下铺大男生被窝里，被一脚踢出来，说他是同性恋，又钻到另外一个孩子的被窝，仍然被轰了出来。

过分溺爱，只会害了孩子。

张驰，1997年在北京四中刚念完高二，就得到英国爱塞克斯大学本科录取通知书，只身前往英国留学。由于其优异的成绩和出色的学习能力，2000年毕业获得了一等荣誉学士学位，同时接到英国4所大学直升博士学位深造的邀请书。年仅22岁的张驰，成为剑桥大学最年轻的中国籍博士生，获得全额奖学金。

张驰的父母从小就注重对儿子自立能力的培养，他们说：我们有意识地通过一些小事情的处理告诉张驰自己的事情要自己做。这是一个人的综合能力的一部分。儿子还上小学四年级的时候，如果得了感冒之类的小病，父母带他去医院，但从挂号，到分诊台询问，找医生看病，拿着医生开的处方去药房划价，以及交费、取药，全让他自己独立去做，父母只是在后面跟着。

在发达国家的家庭里，父母普遍重视从小培养孩子的自理能力和自强精神。之所以如此，是因为市场经济社会要求社会成员必须具备这种能力和精神。

62. 培养孩子独立自主的生活习惯

成长是需要付出代价的，在这一点上，人人平等。因为人是在体验中长大的，我们既然不能代替孩子成长，就不能代替孩子体验。

王晶女士是福建师范大学外国语学院的院长助理，曾被评为"全国优秀家长"。她的女儿黄思路就非常独立自主。

从小到大，王晶从来不代替女儿做她力所能及的事情。黄思路2岁就学会了用筷子，3岁时会自己洗澡，4岁时会自己洗头发。

在妈妈的耐心培育下，黄思路从小就养成了有条理的良好习惯。上小学的第一天，她把每一本书包好，又一一放进书包。长大一些后，思路学会了自己补衣服、缝扣子，修自行车，上小学五年级的一天，她在学校生病了，放学后独自跑到医院看病。当外公得知消息赶到医院时，她已经把药都取好了。

黄思路说："我妈从不会因为年龄小而迁就我。妈妈好像一直都很平等地把我当成大人，这让我很小的时候就不大考虑年龄问题。"

黄思路读小学四年级那年，看上了一条裙子，只是大了些。思路请妈妈帮着改一改。可是，妈妈说："你拿得动针线吧？拿得动就自己缝。"思路就自己动手，缝了一个下午，把裙子改好。"那条裙子我非常喜欢，穿了好多年呢！"思路自豪地说。

这就是孩子的感受。他们喜欢自己动手做事，哪怕做不好。因为在做事的过程中，能够充分发挥自己的创造力。

"今天的孩子比我们棒！"我跟王晶发出同样的感慨。

黄思路12岁那年要去北京参加少代会，王晶把女儿带到机场售票处，让女儿自己查询航班的时间和价钱，自己只站在远处看着女儿。

在王晶的家里，永远听不到有人说："孩子还小。"遇到难事，妈妈总是退一步，摆出一副不闻不问的样子，说"娘勤女儿懒。山不转水转，机会来了，就开发你的潜能吧！"

这么一"逼"，女儿居然带给妈妈一个又一个惊喜：鞋匠不肯修的鞋扣，她想办法修好；淋浴龙头坏了，妈妈全身湿透没有修好，思路往里面夹块海绵就解决了问题；上大学后，宿舍电话不通，她也动手去修。

16岁时，思路一个人出国学习。在一个完全陌生的环境里，她克服了很多困难，顺利完成了学习任务，还利用课余时间打工，自力更生挣路费。回国后，她把出国求学的经历写成一本书，既是对自己的总结，也是对妈妈的感谢。

由于父母的种种"懒"，促成了孩子良好的学习、生活习惯。学习上，孩子改掉了粗枝大叶、丢三落四的毛病，遇到困难能独立思考钻研，主动寻求解决办法；生活上，孩子独立性强，样样能自理。可见，父母该放手的时候要放手，该狠心的时候要狠心，把操心、关注默默地放在心里。唯有这样，孩子才能形成良好的学习习惯，锻炼生活的独立性。

在生活环境越来越优裕的今天，如何让孩子具有"身在苦中不知苦，面对困难不觉难"的素质,对孩子的一生具有重要的意义。做父母的要为孩子长远着想,就要让孩子在幼年的时候学会承受挫折,接受惩罚,经历磨难。孩子长大之后,一定会感激父母赠予的这份人生财富。

63. 自己的事情自己干

二十多年前,一场中日学生夏令营大较量凸现了中国学生的弊病所在。

1992 年 8 月,77 名日本学生来到内蒙古大草原,与 30 名中国学生一起参加了中日草原探险夏令营,他们的年龄都在 11 岁至 16 岁之间。这次夏令营要求每人背 10 多公斤重的物品,至少要步行 20 公里,不能让爸爸妈妈和老师同学来帮忙,自己的事情自己干。目睹整个过程的人们,面对眼前的真实情景,心里受到极大的震撼,既为中国学生的表现感到失望和伤感,又对日本学生的顽强和自立大为欣赏。

队伍刚出发时,日本学生鼓鼓囊囊的背包里装满了食品和野营用具,而有些中国学生的背包里只装点吃的。才走了一半路程,一些中国学生已经把水喝光、干粮吃尽,只好求助别人支援。野炊时,凡空着手不干活的,全是中国学生。中国学生走一路丢一路东西,而日本学生却把用过的杂物用塑料袋装好带走;中国学生生病了回大本营睡觉,而生病的日本学生硬挺着走到底……

中日学生的生活自理能力差别是很大的:在出发前做准备时,日本学生知道包里应该装哪些生活必需品,一些中国学生却不知道;野炊时,日本学生知道动手做饭,一些中国学生却袖手旁观;在大草原上,日本学生懂得环境保护,一些中国学生却把垃圾随手乱丢;生病的日本学生还坚持到底,不忘记完成这次夏令营的任务,一些中国学生生病了就把自己的"使命"忘到九霄云外了,被医务人员送到了后方……

由此可见,如果孩子自己的事情不做,指望父母或他人替做,时间长了,就会形成严重依赖别人的习惯,即便是一些很简单的事情,也不会做了。父母或他人不可能替孩子做一辈子代理,等到了关键时刻,怎么办呢？大学生李永（化名）的悲剧给我们敲响了警钟。

　　1999 年 7 月 10 日，某名牌大学计算机专业的学生李永从 6 楼阳台跳下身亡，生活不能自理使他对生活丧失了希望。李永从小学到高中，学习成绩一直排在第一名，每次考试他都会问老师："这次考试谁是第二？"因为他很自信，第一名肯定是他的。为了李永能够集中精力学习，除了学习以外的任何事情，父母都会代替李永去干：吃饭时，妈妈会及时把饭端到李永的手边；衣服脏了，当然是妈妈的事情；笔记本用完了，也是妈妈去买。慢慢地，李永习惯了"饭来张口，衣来伸手"的生活，而且有时候还为自己的这种生活而沾沾自喜。事实上，到了十七八岁，早应该具备洗衣服、做饭这些最基本的生活技能了，但李永与别的孩子不一样，他没有具备这些能力。

　　1998 年 7 月，李永参加高考，以优异的成绩考取了北京某名牌大学计算机系。9 月，李永与其他同学一样来到了首都北京。然而，大学生活开始不久，李永就表现出了困惑，他不会做饭，不会洗衣服，甚至找不到上课的教室，不知道该如何与同学相处。这让李永万分苦恼，无奈之际，他提出了休学，学校根据他入校后的表现，同意他休学。

　　第二年，学校及时寄去了复学通知书。收到通知书的李永没有丝毫兴奋，反而产生了无比的恐惧，他害怕再次离开父母，担心自己依然不能适应学校的生活，在这种思想的驱使下，他便采取了跳楼的方式，结束了自己年轻的生命。

　　自立是第一位的能力。如果孩子不能独立，不能有自己的想法、自己的愿望和选择，只能按照父母的愿望行事，这样的孩子显然是缺乏个性和创造性的。可以说没有自立就没有作为人的自由与平等。

　　现在，很多家庭的孩子都是独生子女，父母的宠爱、娇惯很容易给孩子营造一个依赖、娇宠的成长环境，而不利于孩子独立精神的培养。

　　在很多家庭中多，祖辈们由于晚年孙儿绕膝，欣喜之情无法不溢于言表，狂爱之心无法不倾于孙儿身上。大有"俯首甘为孺子牛"的牺牲精神。事事包办、时时呵护，使"衣来伸手、饭来张口"的"小皇帝"、"小公主"的地位日益稳固。祖辈对孙儿施爱有加，往往心太软，导致教育孩子方面宽而不足，严而有余，甚至当父子之间有冲突时，往往不自觉地、不分原则地偏袒孙辈。这样做的结果将使孩子产生唯我独尊、任性自私、骄横无礼、以自我为中心的不良品质，同时也失去了锻炼动手能力的机会，对大人产生依赖性，独立性差，生活自理能力低下，成了懦弱、自卑、懒惰的生活低能儿。很多孩子上了小学还系不好鞋带、穿不好衣服、不会自己整理房间。

从现在开始，培养好孩子的独立自主能力，因为孩子不仅仅是你的孩子，将来有一天会成为别人的另一半，社会上的一个普通平凡的公民，每个人都要履行自己对家庭、对社会应尽的义务，某一天还会成为父母。如果没有独立自主的能力，不仅自己苦恼，也会给别人带来烦恼。每个人都希望生活更幸福，其实也就意味每个人都要多付出一些，付出是自己独立成熟的表现之一。没有自立就没有作为人的独立精神。

家教建议：

☞ 年轻的父母们，为了孩子的未来，为了下一代的明天，请将孩子从"怀抱"中放下来，在日常生活中多给孩子一些自理自立的锻炼机会。

☞ "眼过百遍，不如手做一遍。"在孩子的成长过程中，除了必要的艺术类知识和技能外，父母不要忽略既简便又可以促进孩子发展的环节——让孩子动手做事。

☞ 有一点需要提醒家长注意，培养孩子的独立自主能力不能过急，要循序渐进。要随着孩子年龄的增长，逐步提出较高、孩子力所能及的要求，不能让孩子做不能做到的事。

分享：

1. 给孩子买一些百科全书、《十万个为什么》这样的图书。

2. 带孩子去参观科学馆，体验科学馆里的科学项目；参观博物馆，了解事物的历史和发展；逛逛植物园、动物园，户外活动让孩子充分观察到大自然花草树木和各种动物形态。

3. 抽出专门时间陪孩子做风筝、放风筝；或者野营、野炊、徒步旅行等活动。

4. 陪孩子看纪录片。

5. 尽量让孩子看经典图书原著，而不要以缩写本、简写本为读本，不要让孩子认为看的缩写本、简写本就是真正的名著。

6. 父母看书也是一样。例如蒙台梭利教育图书，田时纲先生的译本是从意大利语直接翻译过来的，表述非常准确，隽永耐读。

第五章

和谐家庭是孩子成长的乐土

　　平等和谐的亲子关系是家庭教育成功的必备条件。没有平等，培养不出现代儿童；没有和谐，建设不成民主家庭。因此，父母不仅应该尊重儿童的权利，还要善于发现孩子的独特个性，真诚地学习孩子身上的优点，使教育过程充满理智之爱。

　　对孩子来说，家应该是歇息的场所，培养丰富的人性土壤，以及明亮无比孩子梦的温床。一个美满的家庭，有如沙漠中的甘泉，涌出宁谧与安慰，使人洗心涤虑，怡情悦性；所以家是一切幸福和力量的源泉。

打骂绝不是教育

假如管教到了极严酷的地步，也可以治好目前任性的毛病，但是接着来的常是更恶劣的更危险的心情颓丧的毛病。 ——（英国）洛克

没有惩罚的教育是不完整的教育，是一种虚弱的教育、脆弱的教育、不负责任的教育。其实，孩子就是在磕磕碰碰中长大的。要相信孩子的能力永远超出大人的想象。但是，惩罚绝不等于体罚，更不是伤害，不是心理虐待、歧视，让孩子觉得难堪，打击孩子的自信心。

中国有句古训，叫作"棍棒底下出孝子"，现在很多父母仍然将这句话奉为圭臬。大多数家长认为，当孩子做出不良行为时，父母有责任对他们进行惩罚，因为这可以让孩子有所警醒。适度的惩罚是必要的，但父母不应该动不动就打骂孩子，我们完全可以采取别的一些更有效的方式。

一个美国孩子出于好奇，误杀了父亲心爱的宠物。他的父亲回家后勃然大怒，惩罚他用打死的狗做了一个标本。当这个孩子成人后回忆起童年的这件小事时，非常感激他的父亲培养了他的责任感。这个孩子叫里根，后来成了美国总统。

同样是惩罚，方式不一样，所取得的效果可能截然不同。需要注意的是，我们并不反对惩罚孩子，因为适当的惩罚可以防止孩子走上错误的道路。但是我们反对经常地打骂孩子，因为过多的打骂不仅无助于事情的解决，反而容易使孩子产生逆反心理，而且还会恶化亲子关系。

64. 打骂会造成孩子的暴力倾向

许多孩子碰到问题喜欢用拳头说话，最终因造成不可收拾的后果而后悔莫及。专家认为，暴力是人的本能，是人类生存很重要的技能。如何运用好暴力，需要人们运用内心的道德和法律意识来判断。

据报道，2004年8月14日，16岁的北京中学生小路（化名）因憎恨母亲的严格管教，全然不顾母亲的养育之恩，残忍地将母亲杀害。北京市第二中级人民法院以故意杀人罪一审判处小路14年有期徒刑。据介绍，这名16岁的少年在藏起母亲的尸体后，竟拿着翻出来的400元钱若无其事地去了网吧。几天后，当公安民警在一家网吧里将小路抓获的时候，小路一脸平静，他既没有惊慌，也没有觉得后悔，反而流露出杀死母亲获得"自由"的兴奋。小路对暴力的麻木和对生命的冷漠竟达到了如此骇人的地步。

与小路的残忍不同，重庆少年小磊（化名）走向犯罪完全是因为失误。

小磊是一个15岁的农村少年，在邻居眼里一直是个"乖孩子"。在父母和四个兄弟姐妹眼中，他更是一个听话的孩子。由于家境贫困，他只念到小学二年级就辍学了，其后一直在家务农。可就是这个淳朴的农村少年，却因误杀父亲被法院判处5年徒刑，酿成了一幕家庭悲剧。

由于家境不好，小磊的父亲经常借酒浇愁，一喝醉酒就打他。而父亲酒醒了以后，又好像什么都没发生过一样，完全忘记他酒醉后的暴力行为。久而久之，小磊对父亲就产生了一种恐惧，随时都害怕父亲喝酒，害怕被打。

"我经常会感到恐惧，害怕父亲半夜喝酒回来会把我从被窝里揪出来打，让我常常不敢睡觉。"小磊说。由于害怕，他多次试图离家出走，但由于年纪太小，而且性格又内向孤僻，所以又没走成。

终于，在2004年年初的一天，父亲又一次喝醉了酒打他的时候，他操起了水果刀，刺向了父亲的胸部。没想到这一刀却要了父亲的命。

现在的小磊很悔恨，每一次母亲来探望他的时候，他都会向母亲解释："我没有想到这样会杀死他，我当时只是想反抗一下，只是想制止他继续打我，我不是故意的。"母亲原谅他，可是在小磊的脑海里，将永远烙下痛苦的印记。

这是一个悲剧，小磊的父亲是个受害者，也是害人者。那么，孩子的暴力倾向来自哪里呢？主要是来自家庭暴力。据来自中国青少年研究中心的一项调查显示，家庭暴力是儿童遇到的最多的暴力伤害，父母在管教孩子时，采取打或骂这种方式的大有人在，在被调查的5846份有效学生问卷中，有60.9%的孩子在家中挨过打，有84%的孩子在家里挨过骂。本次抽样调查还有这样一个问题：当父母说教或打骂你时，你有过下面的哪些感受？A.气愤、伤心、痛苦；B.产生死的念头；C.想离家出走；D.恨不得跟他们拼了；E.长大以后再跟他们算账；F.无所谓；G.父母从没有说教或打骂过我（可多选）。结果发现，有9.2%的孩子产生过死的念头，18.1%的孩子想离家出走，8.4%的孩子恨不得与父母拼了，还有6.0%的孩子想长大以后找他们算账，只有2.5%的孩子对此抱无所谓的态度。这说明，少年儿童在遭到家庭暴力的时候，具有强烈的反抗愿望，甚至想采取极端的自毁手段来报复施暴者。

随着社会的进步，青少年的独立性越来越强，孩子不再是父母的附属物，教育也应该讲究策略和方法，而不能一味地打骂，应该多了解他们的内心世界。同时，也应该加强青少年的法制教育，父母可以想办法让孩子多听一些法律讲座，让孩子明白暴力所造成的恶果，这样就可以纠正孩子的暴力倾向。

65. 以"罚"代"教"何时休？

一些父母以打的方式教育孩子，结果，打失了孩子的学习热情，打掉了孩子的探索精神，给孩子的身心造成了极大的伤害。

一次，笔者在公共汽车上听到两位家长在交流教育孩子的"经验"。其中一个说："对孩子别舍不得下手，狠不下心来可不行，不打不成器，该打就得打，孩子真是三天不打，上房揭瓦。我们那个孩子每周至少得打他一顿。"谈起教育子女的复杂性，有人觉得可笑，他们说："在社会上当个领导，管一批人不容易，管自己的孩子还有什么难的？身边不是有随手可以抄起的木棒、掸子把、扫把什么的吗？抡圆了来上一通，问题不就解决了吗？"

如今用体罚这种方式对待子女的家长不在少数。越是文化水平低的父母，越善于用此方法"教育"孩子。

其实，生活中孩子遭遇各种体罚主要不是孩子该不该受罚，而是有些父母认为这种方法简单方便，奏效快。孩子回来晚了，把水泼在地上了，作业做错了，考试考砸了，上课没注意听讲，都可能吃上一顿板子。

采取这种简单粗暴的方式教育孩子会给孩子带来极大的伤害。孩子挨打了，受到伤害，会变得畏畏缩缩，什么也不敢去做，不敢探索、尝试。其次，为了逃避挨打，往往迫使孩子违心地说谎，隐瞒错误，而这种办法一旦得逞，孩子就会继续下去，从而变成了生活中的"双面人"。再者，经常挨打的孩子会变得脾气暴躁，心惊胆战，产生对父母、对学校、对社会不满的情绪。比如，因为物理没考好而挨打，他便会憎恨物理知识、物理老师，甚至憎恨学校。一旦有机会，就可能会做出一些报复性的事情来。

笔者曾有过这样一次经历：某次在车站等车，一位身材高大，打扮得较有修养的父亲抱着一个看上去一岁多的孩子，抱了一会儿，为了轻松些，他把孩子放在了站台上。孩子站在地上没多一会儿，看到地上的烟头觉得新奇，于是捡起这个烟头，撕开裹着的纸，对着里面看个究竟。父亲低下头看到孩子正在撕烟头，弯下腰迅速抠出孩子手里的烟头，并朝孩子的手心狠狠地打了两下，然后气愤地说道："还捡不捡了？"孩子恐惧地说："不捡了，不捡了。"

这两巴掌，打得不是别的，正是孩子对事物积极探索的精神！打的是孩子对新事物感知的能力。这位父亲可能认为吸烟是个坏习惯，小小孩子不该对烟头感兴趣，或是认为孩子不该捡地上的脏东西，打他几下让他记住。可是孩子是出于好奇的动机，是孩子幼小心灵对新事物本能的表现。这次挨打使孩子产生这样一种观念，不应该接触没有见过的东西，探索未知世界是不正确的行为，要挨打的。如果父亲告诉孩子烟火不卫生，捡起来对自己身体不好；烟火是什么构成，如果搞不明白，查资料，这样反而促进了孩子正确地思考和爱卫生的好习惯。

其实，在美国，打孩子被认为是虐待，是要受到法律的严厉惩处的。据报道，在加州，一位白人母亲领着一对儿女到超市购物。因为男孩顽皮不休被母亲在脸上打了一巴掌。要是在我国，人们肯定会说："这孩子真该管教！"而超市的售货员却当即报了警。付款出门时，在外等候的警察立即迎上去，问她是否打了孩子。母亲说："不错，他太捣蛋，又不服管教。所以我打了他。"警察二话没说，马上给她戴上手铐押进警车。而孩子则被"儿童保护中心"送到有养育能力的人家寄养。为了将她保释出来，她丈夫变卖了房产，才凑足 20 万美元的保释金，但事情至今仍无结果。在美国，这种事情很多。可是美国人就不对犯错的孩子进行惩罚了吗？当然不是。美国父母教育孩子有 4W 法则，它的内容是：任何时候都要了解孩子跟谁（Who）在一起，在什么地方（Where），在干什么（What）以及什么时候（When）回家。当孩子做错了事以后，家长绝对不会动不动指责孩子，而是说："我想你不是有意的，下次不会这样做了。"

此外，美国人处罚孩子犯错误的另一个重要方法就是计时隔离，这有点像中国的关禁闭，"计时隔离"对美国孩子都很有效力和威慑力。这与他们的社会文化环境等因素有很大的关系。美国法律规定，小孩子必须随时有成人陪伴或看护，幼儿园还明文规定老师的职责包括给予孩子充分的关注，不能凭老师的意愿随便遏制孩子的要求和想象。在那样的环境中，孩子很少感到冷落和孤立无援。然而，一旦被隔离和"冷落"，就自然而然地会对孩子产生一种强大的威慑力。其次，隔离还可以使孩子感到自己与别的孩子被区别对待，孩子对此其实是非常敏感的。

中美文化不同，但是父母的心也是相通的，都希望孩子健康快乐成长，都希望理解、包容与尊重，只有在这样的氛围中，孩子才能成为健康快乐的人。

66.　宽容的氛围有益于孩子改正错误

一次，妈妈因为办事不力而受到了领导的批评，正坐在沙发上生闷气的时候，王云走过来，问妈妈："妈妈，你怎么了，是谁惹你不高兴了？"

"是我自己！"妈妈没好气地对王云说。

王云感到非常好奇，又问："你怎么会自己生自己的气呢？"

妈妈看着王云惊奇的样子，就问他："难道你犯了错误的时候，不生自己的气吗？"

"我做坏事的时候你不是骂我就是打我，我已经受到惩罚了，为什么还要生自己的气？"王云毫不在乎地说。

"那你知道你错在哪里了吗？"妈妈接着问。

"你不是骂我，就是打我，根本没告诉我错在哪里。"王云说。

怪不得王云每次挨打之后都说"下次不敢了"，但是以后还是犯同样的错误。妈妈这才意识到自己这种教育孩子的方式有问题。

每个人在儿童时代都很容易犯错，有时是因为能力不济，有时是无意失误，而有时是故意捣乱。面对孩子的一次次犯错，大多数父母采取的手段往往是轻则言语斥责，重则棍棒侍候。"不打不成才"、"棍棒底下出孝子"之类的话在民间颇为流行。如今这样的教育方式在城市中也许不太多见了，但在农村却还是司空见惯。被父母打骂后的孩子也许会慑于父母的威严，短时间里变得循规蹈矩起来；但对一些脾气犟、个性强的孩子来说，打骂却往往会激起他们的对抗心理：父母越是打得凶，骂得狠，他越是我行我素。

在对待孩子错误的问题上，家长不能简单粗暴。孩子的自我约束力毕竟是有限的，犯错误也是在所难免的。当孩子犯错之后，我们应该帮助孩子分析错误到底出在哪里，为什么会做错以及应该如何改正，然后在赏识中鼓励孩子改正错误。

一天，点点的爸爸接到班主任老师打来的电话，老师说他发现点点在学校花钱请同学吃饭，让他问问是怎么回事。

等点点放学回来，爸爸问他："你是不是请同学吃饭了？"

点点吓了一跳，支支吾吾地说："是这样的，我前几天刚当上中队长，同学们让我请客。"

"他们让你请你就请了？你这么听他们的话？"爸爸问。

"他们也请过我，我不好意思不请人家。"点点回答。

"那你请客的钱是从哪里来的呢？"

"是……是我从您的钱包里拿的。"点点的声音小得像蚊子。

"我的钱包？你怎么找到我的钱包的？"

"趁您洗澡的时候，从上衣口袋里拿的，拿了100块。"

爸爸想发火，可是忍住了，对点点说："你知道自己错在哪里吗？"

"我，我不该拿爸爸的钱。"

"可是同学让你请客，你没有钱怎么请呢？"爸爸问点点。

"这，我也不知道。"

"孩子，你们还小，在学校里的主要任务是学习，不要学社会上互相请客的坏习气。再说，虽然你拿的是爸爸的钱，可是这也是小偷的行为，这些你知道吗？"爸爸语重心长地说。

"我知道了。"点点真诚地对爸爸说。

"还有，以后碰到这种事情应该诚实地告诉爸爸妈妈，不应该瞒着我们去请同学吃饭，更不应该偷偷从我钱包里拿钱。如果你事先告诉我们，我们会帮你一起想办法的，这样不是更好吗？"

"我以后一定会改的。"

"好吧，爸爸相信你，知错就改还是好孩子。你看这样好吗？以后爸爸会每天给你三块钱的零花钱，但是你需要花钱的时候，一定要取得我和妈妈的同意；然后你要把花钱的情况做好记录，我们每周都要检查一次，如果发现你忘记记录了或者记得不清楚，就要取消你一周的零花钱，可以吗？"

"真的吗？我以后可以有零花钱了！我保证一定不会乱花钱，并且会做好记录的。"

后来，点点每次花钱都会告诉爸爸妈妈，每周都会把花钱的记录给爸爸妈妈看。果然，点点没有乱花一分钱，真正成为一个节约的好孩子。

点点的爸爸非常好地用宽容和赏识的方法让孩子认识并改正了自己的错误，他的教育方式无疑是成功的。宽容孩子，可以让孩子更加深刻地认识到自己的错误，从孩子的行为中找到孩子犯错误的根源所在，并采取一定的措施，帮助孩子尽快地改正错误。

孩子是稚嫩的，不成熟的，他们成长的过程其实就是不断犯错误的过程，也是不断改正错误、掌握方法的过程。法国作家罗曼·罗兰说："人生应当做点错事。做错事，就是长见识。"请父母们记住：犯错误是孩子们的权利。正像曾经迷过路的孩子再也不敢忘记回家的路一样，往往只有犯过错误然后改正错误的人才能不断走向成熟，迈向成功。

家教建议：

🌸 惩罚是把双刃剑，是一种危险的、高难度的教育技巧。打骂教育不但不能起到教育的作用，而且会带来彼此的误解、怨恨，反而不利于孩子的成长。

🌸 当孩子犯了错时，父母可以采取故意冷淡他的方法，让孩子在被冷落中反思，从而深刻认识到自身的错误。

🌸 当孩子犯了错误，首先要宽容孩子，让孩子搞清楚犯错误的原因。应该对他们说："你知道自己错在哪里吗？"当孩子认识到了自己的错误，并有改正的意图时，你应该说："知错就改还是好孩子！"

不要过多地表扬孩子

表扬孩子不要做过头，否则很容易让其产生骄傲自满的情绪。

——（德国）卡尔·威特

表扬是最好的兴奋剂，因而对待孩子要表扬、表扬、再表扬，表扬的力量是无穷的。

当孩子打扫了院子之后，说他辛苦了，或者院子看上去多么棒啊，只有这样的评论才是平常的、自然的，而夸他是个多好的人几乎毫不相干，也不适宜。赞美的话语应该让孩子着眼于他所做事情的真实情况和有效性，而不是他品格的扭曲变形。

下面就是一个让人满意的有关称赞的例子：九岁的温丽馨很努力地把院子打扫干净了，她用耙子把树叶耙拢，把垃圾运走，并且把工具重新摆放好。妈妈很感动，对她的努力和成绩表示了感激和欣赏：

妈妈：院子原来太脏了，我不相信一天就可以把它收拾干净。

温丽馨：我做到了！

妈妈：院子里原先都是树叶和垃圾，还有其他东西。

温丽馨：我把它们都打扫干净了。

妈妈：一定费了你很大劲！

温丽馨：是的，我确实费了很大劲。

妈妈：现在院子好干净啊，看着都开心。

温丽馨：它现在很漂亮。

妈妈：你愉快的笑容告诉我你很自豪，谢谢你，亲爱的。

温丽馨（灿烂地笑着）：不客气。

妈妈的话让温丽馨为自己的劳动感到高兴，为自己的成绩感到骄傲。晚上，她迫不及待地等父亲回来，就是为了向他显示一下干净的院子，好在心里再次重温一下对出色工作的骄傲。

永远不要痛斥孩子的失败，不要把目光盯在分数最低的功课上。如果孩子被一道数学题难住了，你千万不要说"真笨"，那就等于给他找了一个学习为什么不好的理由，这样的理由，或者让他心灰意冷，或者让他心安理得，最后的结果都是不思进取。最好的办法是和孩子共同分析这道题不会的原因，让他知道，一切问题都是有办法解决的，只要认真地去思考演练。你要郑重其事地告诉他："不是因为你不够聪明，而是……"

给孩子自信，就是给孩子力量。多在孩子的成绩中寻找闪光点，你认为他是最优秀的，他就会成为最优秀的。

人都有渴望得到别人肯定的天性，经常受到鼓励和表扬的孩子，精神愉快，行动积极，各项非智力因素如习惯、意志、毅力等都会明显增强；而得不到表扬或者经常受到批评的孩子，心理自卑、胆怯、孤独。事实上，孩子的成绩跌宕起伏不尽人意时，他们需要的不是呵斥，而是体贴和鼓励。挫折中的鼓励，好比寒夜中的篝火，温暖着孩子疲惫的身体，让他内心增长力量。

值得注意的是，表扬要把握好时机与分寸，绝不可以对孩子笼统和盲目地表扬。过分地表扬孩子，孩子会不经意地自满。孩子一旦自满起来，以后就难以纠正了。一些潜质很好的孩子长大后之所以没能成为人才，正是源于孩子的骄傲自满、狂妄自大。

67. 不要对孩子笼统和盲目地表扬

恰到好处地表扬确实能建立孩子的自信心，让他明白只要努力就可能做到。但是，平时我们对孩子的表扬却经常陷入某种误区。有许多父母经常这样赞美孩子：

"你真是个好孩子！"

"你真是妈妈的好帮手。"

"没有你，妈妈怎么办呢？"

"我女儿真聪明！"

这种笼统和盲目的表扬可能会让孩子不知所措。特别是在孩子调皮捣蛋的时候，父母经常想着借赞扬让自己的孩子变得更听话一些，更乖一些。可实际情况却是，这时候我们越赞扬孩子，他就变得越淘气。为什么会这样呢？因为孩子们觉得父母的那种判断或者评价性的赞美并不是建立在客观实际的基础之上的，往往只是出于哄骗他们的需要。当你说"你是个好孩子，要听话"时，他可能会觉得自己那么淘气，离好孩子还差的远呢！所以，父母们的赞扬让孩子们觉得惭愧，为了减轻自己的负担，他只好用极端的行为来表明自己配不上那种赞美。我们可能也会有这方面的体会，就是当有人笼统地赞扬我们说"你真是太优秀了"时，我们往往会感觉很别扭，因为我们自己清楚地知道自己并没有他说得那么好。

因此，父母的表扬不应该演变成奉承，而更应该是一种鼓励。留心观察孩子的独特兴趣，努力观察他们取得的每一点进步，在肯定孩子所取得的进步的同时，鼓励他百尺竿头更进一步，这样的表扬才更受欢迎。

在这方面，皮尔·卡丹父母的教育方法颇值得我们学习。

皮尔·卡丹是世界著名的时装大师，是童年的一次做玩具布裙的经历让他真正发现了自己的兴趣。那是一个阳光明媚的夏天，7岁的小卡丹趴在绿茵茵的草坪上，眼睛漫无边际地左顾右盼。这时，他发现了一个衣着华丽的小女孩，手里拿了一个非常漂亮的布娃娃。或许是被那漂亮的金发娃娃所吸引吧，小卡丹走到小女孩身边仔细地打量那布娃娃。这时那小女孩用力地把那个布娃娃摔到草坪上，委屈地嘬着小嘴自言自语道："你的裙子真难看，我讨厌你！"说完，小女孩转身一溜烟地跑了。

小卡丹一惊，捡起小女孩扔下的漂亮娃娃仔细看了看，发现她裙子的颜色太单调了。于是他把布娃娃拿回家，准备给她换一身色彩绚丽的新衣服，然后再将她物归原主。

母亲开始误以为孩子偷拿人家的东西，就厉声斥责小卡丹。在得知小卡丹只是想给那个漂亮的布娃娃换一身适合她穿的新裙子时，母亲很高兴，她给小卡丹找来了针线和碎布。晚上，小卡丹在昏黄的油灯旁精心地为布娃娃缝制小裙子。母亲边看边不断地进行鼓励、指点，当小卡丹缝了一条花裙子时，当他几次因扎破了手指而懊丧不已时，母亲都会及时地指出他已经取得的"了不起"的进步。小卡丹缝了又拆，拆了又缝。最后布娃娃终于穿上了一件漂亮的小裙子。第二天当小卡丹把这个穿着漂亮裙子的布娃娃送还给那个小女孩时，她又惊又喜，对小卡丹的杰作连连称赞。

后来那个小花裙就深深地印在小卡丹的心中。他经常放学后偷偷到商场的服装店里痴迷地研究里面各式各样的服装以及款式。父母开始以为他旷课而责备他，后来由于家庭贫困，小卡丹退学了，他的父母根据孩子的兴趣让小卡丹到一家裁缝店里当了学徒。父母的支持和鼓励使小卡丹最终成为当今最有名的世界时装大师之一。

从卡丹父母教育子女的例子中，我们能得到什么启示呢？那就是作为父母，我们首先应该注意孩子的兴趣并鼓励孩子不断取得进步，让他在不断战胜一个又一个困难中体会到付出的快乐。

反观我们自己，是否我们也意识到孩子对某一件事情的独特兴趣了呢？孩子的兴趣多种多样，父母不应该只是因为孩子学习不好就否定他的一切，我们应该鼓励孩子为了他自己选定的目标而努力奋斗！应该在他陷入困境的时候适时地鼓励他，让孩子看到他已经取得的成就，从而树立他的自信心。这样的鼓励和赞扬才是最有效的。

68. 鼓励孩子要有技巧

日本人在鼓励别人时，往往只是说"加油啊！""好好干！"之类，具体如何去做，却只字不提。这不仅是家长和孩子之间，在成人世界里也是常见的现象。公司总经理鼓励自己的部下时常会这样说。然而，只是简单的一句"希望你好好干"，对于那些一直勤勤恳恳、任劳任怨的员工来说，今后如何努力才能更上一层楼？他们听后定会茫然不知所措。

这时候，如果能提出具体问题，那么员工听后就会清楚自己应该如何去做，当天开始就可以努力工作。

平时学习成绩不错的孩子，在考试中偶尔只考了60分时，也同样存在同样的问题。孩子本人也肯定相当难过，这时如果再对孩子提出批评，那只能起到相反的作用。这时候最好的做法是，不硬逼着孩子做出某种保证，而是耐心地去鼓励他。

"谁都会有失败。不要泄气，下次努力就行。你肯定能考好的。没关系，没关系，不要想不开。"听到这样的鼓励后，孩子肯定会暗下决心："放心吧，下次我一定考好！"当孩子因成绩不好而感到沮丧时，千万不要再对他们进行责难，这是相信孩子的才能并且能够使之增加的一个原则。

当孩子成绩不理想时，应首先对其进行一番鼓励，然后冷静地分析一下为什么只得60分的原因："这次为什么没考好，我们来分析一下，到底错在什么地方。搞清楚了，下次你就一定不会犯这样的错误了。我相信你能考好的。"让孩子自己对所犯的错误进行反省。经过这样的分析，找到并解决以往不明白的以及容易出差错的地方以后，那么孩子下次就能考出好成绩了。

总之，不要一味地乱鼓励或者逼迫孩子，最理想的做法是坐下来同孩子一起讨论问题的所在，告诉他们怎样做才能取得好成绩。

妈妈正在厨房里准备晚餐，她听到儿子在后院蹦蹦跳跳，弄出了很大的动静，便大声问道："你在干什么？"

孩子兴奋地回答："我要跳到月亮上去呢。"

你猜妈妈听了怎么说呢？她并没有给儿子泼冷水，她没有用"小孩子不要胡说"、"赶快进来洗干净手准备吃饭"之类的话来打击孩子的异想天开，而是说："好呀，但是，可别忘记回来喔！"

这个孩子后来成为第一位登上月球的人，他就是阿姆斯特朗。

对孩子进行表扬时也一样。只在孩子考了满分时才说上一句"考得不错。"那么，孩子认为这时受表扬是理所当然的，丝毫不感到意外。如此一来，即使以后总得满分，那么孩子的上进心也会慢慢消失。不过我们可以换个方法去表扬孩子，要抓住要点或者"投其所好"地进行表扬。比如："今天确实不错。我刚才看了表，你今天学习了两个半小时。"这样的话，孩子听了会从心底感到兴奋和激动，他们会觉得妈妈真是无微不至，连这些方面都注意到了。

相反，抽象地对孩子进行夸奖，反而使孩子对父母失去信赖感。有位母亲说，当她责备孩子时能痛痛快快地说出来，而在表扬孩子时，虽然摆好了架势，却不知说什么好。

与责备相比，因为夸奖是肯定孩子做的事，很多父母认为不需要许多技巧。实际上同样具有一定的艺术性，如父母喜欢夸奖自己孩子画的画，这本身是件好事。但是，如果夸奖的方式太随便，反而起到如同贬低的作用。例如，对孩子画的画说"像毕加索一样，参加比赛也能获奖"，这种夸奖的话，就如同露骨的吹捧一样，潜在的意思却是"你画的画就那么回事"，让孩子无法接受。正确的方式是可以评价这幅画中令人感动的地方，比如讲"这个天空的颜色很有意思"，或者"这个脸画得很像爸爸"，恳切地进行适中的评价很重要。并且，不是对这幅画得好的结果进行评价，而且应当指出孩子的画与以前相比有什么样的进步，以及孩子如何进行了努力等方面，促使孩子产生更加努力的积极性，这可以说是高明的夸奖方法。

下面是一套有效的赞美孩子的方法，不妨对照着看一下：

◎ **赞美要清楚而及时**。"清楚"使孩子明确自己做得对，从而有助于他们把成功归结于自己的努力；"及时"表明反馈的时效性，及时的反馈和赞美才是有意义的。

◎ **赞美孩子要具体，有根据，注重赞美"具体行为"和"具体细节"**。

◎ **赞美要有新意**。如果只是一味地进行简单赞美，孩子就会陷入"赞美疲劳"，所以还应该不断选择新的角度发掘新的内容，特别是潜在的优点，比如孩子如果学习好，仅仅是称赞他学习刻苦、成绩优异，就显得没有新意，还不如赞美他学习方法独特，效率很高，以促进他更加注重效率和方法，会使他的成绩"更上一层楼"。这就要求我们要有敏锐的观察力，要善于从新角度上看问题，能从孩子表现出的细微处，及时发现孩子身上潜在的东西，给予赞美和肯定。

◎ **赞美要选择适当的方式**。只有适合孩子的赞美方式才是有效的，在赞美孩子时要做到大小有别。小孩子喜欢父母的拥抱、亲吻、抚慰，或说一些亲切的话语，而对大孩子，这一套可能就行不通，这时，你可以采用眨眼、竖大拇指、拍拍孩子的肩膀等方式。另外，也可以适量地对孩子比较大的进步进行物质上的鼓励，比如送一个小礼物，但不能滥用，不能让孩子轻易得到自己想要的东西。

相信那些细心的父母能体会到以上方法的妙处，但对于那些比较忙碌的父母，下面的一分钟赞美法更有效：

◎ 事先告诉孩子，当他有好的表现时，父母会赞美他。

◎ 具体告诉孩子做对了什么事情。

◎ 告诉孩子父母对他做对的事情有多么高兴。

◎ 做符合自己内心感受的事情，或者告诉孩子你爱他，或者拥抱孩子，也可以两种都做。

◎ 请孩子也这样做，当孩子发现父母有做对的事情时，也要赞扬父母。

◎父母也可以使用一些无声的夸奖，如用笑容、眼神、表情、动作等身体语言对孩子的良好行为做出反应，这也是赞扬的一种好方法。

家教建议：

❤ 发现并尊重孩子的兴趣，鼓励他所取得的哪怕只是一点点的进步，但绝不是对他的品行做不切实际的赞美。

❤ 不论对什么事，只是口头上随便夸奖几句，反而易于造成对孩子心理的伤害，这一点父母要认识到。赞美的重点应该是在"努力"上，而不是"能力"上。对孩子的赞美和奖励应根据孩子是否尽了力，是否在原来的基础上有了提高。

给孩子指导而不是批评

任何惩罚性的教育都不会有好的效果，反而会适得其反。

——（英国） 丘吉尔

有个小男孩长得虎头虎脑，憨厚淘气，非常可爱。可他却是一个在学校里出了名的"坏孩子"。他在幼儿园的时候就是一个淘气的孩子，因为好动，每天在教室里跑来跑去，常常撞倒其他孩子，老师经常批评他，并且还叫其他的小朋友离他远点。有一天，老师竟然当着全班同学的面批评他，还说他是寄生虫。直到小学，他还是别人眼里的坏小孩。他曾经在一篇日记里写道："坏孩子怎么努力也变不成好孩子，这种感觉真让我觉得像冻冰棍似的那么冷。我真是坏孩子吗？可我实在不想当坏孩子！"

这篇日记道出了一个孩子真实的心声。老师没能理解孩子，没有了解并尊重孩子的特点，胡乱地批评孩子，对孩子的心灵造成了伤害。

有些父母也是这样，一旦孩子不符合好学生的标准时，就认为一定是孩子做错了，不问青红皂白就责骂、批评孩子。他们根本没有了解孩子，不知道孩子内心的真实情况，只是用成年人的思维方式来判断孩子的行为。

69. 孩子做了错事以后

一般认为，孩子犯了小错可以不问，犯了大错就必须加以批评，其实正好相反。

第五章 和谐家庭是孩子成长的乐土

173

日本著名教育家多湖辉上中学时曾有过这样的经历。有一次发下考试答卷，发现自己的数学成绩比自己的预想差得多，心里大吃一惊。记得考试时，除了一道题没答上之外，其他都答得很完整。看完考试卷才明白，自己因计算错误丢掉了好多分。老师发完试卷后说了这么一段话："看了你们的答案，发现你们太马虎了。有的前半部分都对了，最后却写错了答案，还有的把加减弄反了，像这样本不应该出现的错误太多了，现在，请大家马上把错改过来，否则将会一错再错。养成粗心大意的习惯，后果将不堪设想。"老师这句话的含义是，无意中犯的错，是最容易被人忽视的。

这种现象在小学生的学习中最为明显，许多孩子做错了，家长和老师都认为是"粗心大意"造成的，而不认为这是不精确、不准确所致！

有的孩子，虽然意识到自己错了，但一旦有人指出来，他们就会产生反感，并且可能将错就错下去，这点大人小孩都不例外。就说上高中的孩子吧，只要家长劝说他们努力用功，他们肯定会顶嘴说："知道了，别再说了！"然而，说归说，他们还是不肯用功，有时甚至会故意跑到外面去玩。

小孩子也是如此。即使知道自己错了，如果父母在一旁呵斥，刚刚萌发的反省心也会一下子化为乌有，进而产生反感，破罐子破摔，如此就带来相反的效果。当孩子遭受较大挫折，换句话说，当孩子处在成长的关键时期，父母当场数落，还不如给孩子留下思考的空间和机会，等事情过去以后再慢慢"细问"那件事怎么样了，效果反而更好。有了反思的机会，孩子就有可能从各个角度去检讨错误，并从中吸取教训。

相反，当孩子犯了小错，就应"随时确认"，及时给予批评警告。有时，孩子未必能意识到自己的错，如果不加以纠正，小错就可能演变成大错。因此，要不断纠正小错，才能做到防患于未然。

所以如果从小事情、当下事情去着手纠正孩子的错误，从点点滴滴纠正孩子的错误，这样反而会推进孩子正确地学习和生活。

父母真的动怒，孩子也会认真地接受。但是许多父母在动怒之下，如果看到孩子垂头丧气，又会觉得心里不安。更何况由于激动说出伤害孩子的话时，更担心会给孩子造成坏的影响。因为如此，有的母亲反而向孩子道歉，说"刚才妈妈对你的责备过分了，真抱歉"。但这会起到相反的效果，因为像这样以道歉否定了训斥的作用，父母前面讲的话也失去了权威性，孩子也将会无视父母的话。所以我们在教育孩子的过程中一定要在内容上坚持正确引导，在形式上讲究清风细雨似的教化方式。不能因为"发怒"这样的方式，基于对孩子的安慰反而让自己和孩子都忘记了初衷。

如果父母真的意识到责备过火了，也许会说"我批评过火了，很抱歉"，但此时要附加"可是……"来说明批评孩子做错的地方本身是对的，不让孩子意识到这一点，特意进行管教也便失去效果。

70. 这样批评孩子最有效

不训斥孩子的家长是不称职的家长。在孩子成长的过程中，从来没有挨过家长批评的孩子，即使参加了工作，毫无疑问，他也会自动辞职的，因为他根本就不习惯被别人批评，受到上司的强烈批评以后，就会不知所措，进而提交辞呈，不打招呼愤然而去。

家长应该批评孩子，因为孩子在被批评的过程中，可以学会辨别是非，学会区分好与坏。如果孩子做错了事情父母不闻不问，那就有问题了，是不称职的父母。批评孩子就要认认真真地批评，那些怕招致孩子讨厌而对批评与否犹豫不决，甚至为此感到烦恼的父母应该受到指责。只有对孩子的所作所为敢于直言，对就是对、错就是错的父母才会受到人们的尊敬。

但是，如何批评才能达到既改正孩子缺点，又不伤害孩子的自尊心呢？其中有许多需要学习的技巧。

首先，批评孩子，应该保持冷静的态度，向他讲道理，以理服人，而且自己的立场也要始终如一。 批评固然是好事，可是莫名其妙地批评训斥孩子却只能起到相反的作用。另外，同样的事情今天批评他了，到了明天却不去管教，这样的做法也不值得提倡。家长应该立场坚定，一如既往地教导孩子什么是"是"、什么是"非"，不应该有丝毫松懈。

其次，批评应该有分寸、方法得当。 日本著名教育家多湖辉举了他上中学时的一个例子：他曾因不满学校的严格管理，做出了伙同其他同学一起破坏学校部分宿舍的荒唐之举。学校的规章制度非常严格，所以他已做好了退学的思想准备。而校长却把他们召到校长室，流着泪水说了下面的一段话："太令人遗憾了。我现在什么也不说，想必你们也在反省自己吧？

希望你们能再一次反思一下自己所做的事情。"校长宽宏大量的批评，深深地刺激了学生们，使他们进行深刻的自我反省。因此，采取什么样的批评方式非常重要，它既能使孩子的才能得到提高，反过来也能使之下降。

所谓的批评即是试图改变对方的想法、态度和行动。如果对方只是不服或者完全当作耳旁风，不予理睬的话，那么批评就毫无意义了。如果抱着真诚的态度去劝说别人，那么声音自然而然就会小下来，态度也就不会那么急躁。对方所希望的不是严厉的斥责，而是冷静地说服的态度。

因此，多湖辉一直主张："批评时要正襟危坐。"进行重要的谈话时，任何人都要端正姿势，创造一种严肃的气氛。若把自己严肃认真的态度传达给对方的话，孩子肯定会"正色倾听的"。

在进行重要的批评时，首先必须创造一种气氛。而且，不是单方面的命令别人如何去做，而是要采取一种理解对方的立场、倾听对方意见的具有包容性的态度。俗话说："强盗也有三分理。"不论做了什么荒唐的事，都应该有其原因。问清这些原因并予以理解是让孩子接受批评的先决条件。

孩子上了初中、高中后，他们的身体块头要比母亲大得多，即使想大声喊叫威慑他们，恐怕也做不到。有的家长在批评孩子时甚至会竭尽全力地大声喊叫，甚至暴跳如雷。令人不可思议的是，你大声地批评孩子，孩子肯定会用更大的声音来"回敬"你，这样，孩子不是不可能对自己的错误进行反省的。

另外，规劝孩子的朋友，也是管教自己孩子的良机。直接责备或警告孩子，往往会引起孩子的反感，达不到管教孩子的效果。这时，还可以利用孩子的朋友来提高责备的效果。比如，当孩子带小朋友来家里玩，做恶作剧或不懂礼貌时，一般家长碍于面子不愿意多管教。这些顾虑其实大可不必。不管是谁的孩子，做得不对，就应该进行批评。这不仅对对方有好处，对自己的孩子更有帮助。一定要告诉孩子们正确的人生观、价值观以及行为规范礼仪，孩子们才能相互之间朝更好的方向迈进。

也就是说，通过第三者接受的刺激比自己直接接受震动更大，心理学上称之为"潜移默化"现象。

比如，当老师批评班上一半的学生时，另一半学生除了感到庆幸外，还会有被称赞的感觉。至少大多数孩子会提醒自己不要犯错误挨批评。老师虽然没有直接批评他们，却产生了更好的效果。这种"潜移默化"的效果不仅出现在批评时，而且也出现在表扬时。

71. 赏识和鼓励大于一切教诲

父母与老师的第一天职是鼓励孩子、赏识孩子，鼓励和赏识大于一切教诲。自信是人格的核心，自卑是成长的毒药。任何的教育都必须重视用怎样的方法建立孩子的自信心。

2000 年 7 月 25 日的《北京青年报》报道了周婷婷的故事：

周婷婷是中国第一个少年聋人大学生，16 岁就破格被辽宁师范大学教育系录取了。她从小就失去了听力，曾是个全聋全哑的小女孩。

在父亲的耐心指导下，周婷婷 6 岁时已认识了 2000 个汉字，还学会了看口型与人交流，能说出一口流利的普通话，并和正常人一样走进了校园。

8 岁时，周婷婷创造了一项吉尼斯世界纪录——背出圆周率小数点后 1000 位数字。

10 岁时，她与爸爸合写出了 12 万字的童话故事《从哑女到神童》。

1997 年，她又被评为"全国自强模范"。

1998 年，她还主演了取材于两个残疾姑娘的真实故事影片《不能没有你》。

我们难以相信一个聋哑孩子能够和正常孩子一样生活、学习，甚至做得更加出色，而周婷婷的确做到了。这个故事就是后来风靡全国的赏识教育模式，周婷婷的父亲周弘也成为"家教明星"。无论怎样，赏识教育的逻辑起点是正确的，其逻辑起点正是在鼓励中帮助孩子建立自信。

孩子只有从成功中获得快乐，才有可能继续努力。一旦失去了对成功的渴望，就会不思进取，甘于落后。父母多多鼓励孩子，才能让孩子体验到成功的快乐，从而激发孩子积极进取的潜在力量。

《世界教育艺术大观》中有一个这样的故事：

世界一流的小儿神经科医生弗雷德上小学时，是大家眼里的笨学生，甚至连最简单的 2 加上 2 等于几都弄不清楚。然而，到五年级时，他遇见了改变他一生的墨非老师。

在一次课后，墨非老师叫住了他，让他重做考试试卷。当他做完后，墨非老师兴奋地对他说："你都答对了！我就知道你都能答对。"从此，墨非老师不仅经常教给他一些新的学习方法，还总是寻找适合的机会对他说："你很聪明，我的孩子，我知道你将来一定会前途无量的，我对此充满了信心。"

从那以后，弗雷德就下定决心，不辜负老师的期望。他渐渐地发现了自己的优点，自信心得到了恢复。同时，他也有了自己的理想：成为一名著名的医生。

墨非老师的鼓励改变了弗雷德的一生，让弗雷德对未来充满信心和希望。

老师可以通过鼓励改变一个学生，其实父母也可以这样对待孩子。可是，有些父母很吝啬对孩子的赞赏，当孩子满怀信心地做出一个决定时，听到的却是一种十分怀疑的语气："你行吗？"孩子的心灵很脆弱，这无疑是给孩子的自信心以莫大的打击。也许孩子的天赋就这样被父母扼杀了。

周弘先生曾说过："哪怕天下所有的人都看不起我的孩子，我也要眼含热泪去拥抱她、欣赏她，为这个生命自豪。"这是一个伟大父亲的经验之谈。我们也应该对自己的孩子说，你是最优秀的。

怎样培养孩子的自信心呢？专家有三条建议。

◎ 树立"我能行"的目标

你只需要告诉他，在面对困难时，对自己说：我一定能成功闯过去！相信自己行，就没有克服不了的困难。

当朗朗开始学琴之初，一定没有想到自己今天有这样大的成就！朗朗和父母都相信一定会把钢琴学好，这样的信心鼓励着他们。为了朗朗学习钢琴，父母分开很多年，爸爸带着朗朗拜老师学琴，妈妈负责挣钱作坚强的后盾。朗朗坚持艰苦卓绝的训练，每天至少两个小时的基本练琴时间。天赋加上有效的刻苦训练，让朗朗实践了"我能行"的诺言。

你的孩子不是朗朗，但你也可以学习朗朗父母的对朗朗的信心与坚持。

◎ 体验"我能行"的过程

有这样一个寓言故事：

两只青蛙在觅食时，不小心掉进了路边的牛奶罐，罐里的牛奶足以使青蛙遭遇灭顶之灾。

一只青蛙想：完了，全完了，这么高的牛奶罐啊，我永远爬不出去了。它很快就沉了下去。

另一只青蛙看见同伴沉没在牛奶中，并没有沮丧，而是不断对自己说："上帝给了我坚强的意志和发达的肌肉，我一定能跳出去。"它鼓起勇气，一次又一次奋起、跳跃——生命的力量展现在每一次的搏击和奋斗中。

不知过了多久，它突然发现脚下黏稠的牛奶变得坚实起来。原来，它反复的践踏和跳动，已经把液状的牛奶变成了奶酪！不懈的奋斗和抗争终于赢来了胜利。它轻盈地跳出牛奶罐，回到池塘，而那只沉没的青蛙却留在了奶酪里。

应该让孩子明白，失败是一个过程，而不是结果；是一个阶段，而非全部。正在经历的失败，是一个"尚在经受考验"的过程。失败是成功之母。

◎ 坚定"我能行"的信念

"再坚持一下"，是区分"我能行"和"我不能"的标志，是一个人对自己所从事事业的坚定信念。毛泽东曾说过："成功往往在于再坚持一下的努力之中。"

当然，我们一定要找到正确的方向，认真观察孩子所擅长的事情，理智地分析孩子的能力，只有这样才能让孩子真正地成长。

家教建议：

❤ 责备孩子之后的善后工作，直接关系到批评效果的好坏。孩子做了错事以后对其进行训斥，这是父母理所当然的职责，但批评并非是好事。批评之后要进行善后工作也非常重要，要让孩子意识到父母的苦心。

❤ 当一个人受到表扬时，其他人会产生被批评的感觉，这样能从反面加深感受。

❤ 经常鼓励孩子，并给予切实的帮助。父母只要是个有心人，就一定能发现孩子的长处。抓住适当的机会，对孩子进行一番鼓励。此外，孩子还需要父母用实际行动来帮助他们，而不是虚伪地讲些空话。

学会做孩子的"镜子"

教育不仅教人知道他们所不知道的东西，还应教他们自己要做而没做过的事情。

——（英国）罗斯金

父母心理健康才会给孩子以积极的影响。不论在什么情况下，父母在以身示范前提之下，要引导孩子力求做到认识自己、接纳自己、控制自己，这才是心理健康的重要标准。这就要求父母有自知之明，由自知而自信、自强，不因成功得意忘形，也不因失败惊慌失措，始终保持乐观向上的稳定情绪，这将使孩子终身受益无穷。

健全的人格就是有健康的心理。好孩子也一定是心理健康的孩子。

有一个女孩，小学每年都是三好学生、少先队大队长，保送进了某重点中学，一切都很顺利。

一天女孩在校园里玩，看见对面走来一位女老师，胖胖的，右手推着自行车，左手拿着吃的东西，女孩就和别人议论，瞧这个老师，长得这么肥，还吃呢！

没想到那位女老师听见了，找到女孩的班主任，批评女孩讲话不文明，希望好好教育她。于是班主任就找这个孩子谈话，说你的做法是错误的，你要给老师道歉。下午，学校开家长会，班主任又找女孩的母亲谈话。很快女生承认了错误，并且向老师道了歉，但她的妈妈却一直在训她。回家的路上训斥，到家之后还训斥。3个小时中，妈妈历数女儿的毛病。女儿眼泪都哭干了。她抬起头来，死死地看着妈妈。

其实这时，女儿的心理已经出问题了，但妈妈并不明白，"不说了，睡觉吧！"这时妈妈犯了一个大错误，只是一味指责，却没有指出改正错误的方法。

孩子回到自己的房间，翻来覆去不敢面对明天，越想越害怕。凌晨两点，割腕自杀，没有死成。凌晨四点又从六层楼上跳了下去，留下严重残疾。

这个孩子的教训非常深刻：千万不能忽现孩子的心理问题，对他们一定要仔细观察，认真探讨，指出错误，但不能纠缠。每次最好解决一个问题，而不是把孩子所有看不惯的地方都说完……因为这样只会激起孩子的逆反心理，有些孩子还会作茧自缚，做出伤害自己的事情来。

怎样培养孩子的心理健康呢？有这样一个十六字秘诀：**认识自己、接纳自己、控制自己、改变自己。这是两代人心理健康的秘诀。**

认识自己，自知才能自信，自信才能自强，这是心理健康的前提；

接纳自己，心理不健康最显著的标志就是不接纳自己；

控制自己，心理出问题的人都是因为不能控制自己。

改变自己，勇于改变自己，走出心理阴影，做更好的自己。

人只有认识自己，才能战胜自己，而人是很难认识自己的，认识自己都是依据他人的反馈而实现的。孩子自我意识的提升过程就是学习进步的过程，要提高孩子的自我意识，就需要父母的"反馈"作用，也就是镜子的作用。

72. 别放弃孩子，正确地引导孩子学会表达

父母教育孩子，取得了一定的成绩，这确实是自己努力的结果，但是不要忘记这里也包含着家长的培养、老师的教诲和同学的帮助。

那些离家出走的孩子很少考虑到父母的感受，为所欲为，不计后果。面对那些心急如焚、痛不欲生寻找自己的父母，他们却无所谓。正是父母过分的溺爱，让这些孩子变得无情无义。

面对孩子的绝情，父母们应该思考：在孩子情感的世界里，自己播种

的是爱的种子还是恶的种子？面对自己的不孝，出走的孩子也该扪心自问，我的良心哪儿去了？

如今，亲情沟通的缺失十分常见，爸爸妈妈对孩子来说是一个不知道的世界，孩子对父母来说也是一个不知道的世界。

今天很多孩子都说，爸爸妈妈都是外星人，说什么他们都不懂。你不懂我，我也不懂你。我们的这些孩子由于营养过剩，过早进入青春期，青春期最大特点是跟大人较劲，你让我朝南我就朝北，你让我干我偏不干。爸爸妈妈压力太大，过早进入更年期，最大特征是跟孩子较劲，让你干你就跟我干，不干我跟你急。青春期的孩子逆反，更年期的父母暴躁，青春期碰撞更年期，于是就出现了问题。

> 江苏有一位妈妈，制作了一幅地图，地图上全是黑点，那些黑点不是名胜，而是全市的网吧——因为初一的女儿每天上网，经常不回家，妈妈每天奔波在黑点之间，就为了找回女儿。但是每次妈妈找回女儿，女儿回头就逃走了。
>
> 那位母亲没有放弃，她说撑一天算一天。妈妈开始学电脑，申请了一个 QQ 号，和女儿在网上联系上了。
>
> 妈妈的行动终于感动了女儿，一天晚上，女儿回到家，发现楼里除了她家的灯光，其他的灯都已经灭了。她想起了妈妈对她说过："家里的灯永远为你亮着，家里的门永远为你开着。"她忍不住喊了一声："妈妈！"
>
> 就这样，这位母亲靠自己的改变从网吧夺回了女儿，后来女儿考上了上海戏剧学院附属中学。

沟通成了今天家庭教育最大的主题。要教育孩子从小学会与人沟通，第一要说，第二想好了再说，第三好话好说。

父母和孩子之间需要相互彼此坦诚交流，只有这样父母才能正确地认识孩子，只有正确地认识才能更好地引导孩子表达。有什么不满意的地方，父母都明白，大家相互促进，彼此交流，各自找到共同努力的方向，求同有异、和而不同，这样父母与子女关系才是可持续发展的关系。

73.　如何有效地和孩子沟通

　　和孩子对话是一门有规则的独特艺术，孩子语言的信息里经常有需要解读的密码。

　　　　有位妈妈声带上长了结节，医生强迫她噤声，至少十天不许说话。
　　　　这天，儿子放学回家，进门就嚷："我恨老师！再也不去学校了！"
　　　　如果平时听到儿子这么说，妈妈一定要严厉地训斥他。但是，这一次她没有这样做，因为她不能讲话。
　　　　气愤的儿子卧在母亲的膝盖上，伤心地哭着："妈妈，今天老师叫我们写一篇作文，我拼错了一个字，老师就嘲笑了我一番，结果同学们都笑我，真没面子！"
　　　　妈妈依然没有说话，只是搂着伤心的儿子。儿子沉默了几分钟，从妈妈怀中站了起来，平静地说："我要去公园了，同学们还等着我呢。谢谢你听我说这些事。"
　　　　由于一个特殊的原因，这位母亲体会到了"沉默"的重要意义。

　　如果能倾听孩子诉说一次，那么你与孩子的距离就会拉近许多。在日常生活中我们也都有这样的体验，两个人本来并非特别亲密，但在一次完全"零距离"的谈心后，却成为莫逆之交。父母如果希望与孩子的关系更融洽、更亲密，希望家庭气氛更和谐、更温馨，就应当想方设法让孩子向你倾诉。

　　另外，给孩子倾诉的机会，让孩子宣泄心中积郁的情感，这对孩子的心理健康是非常重要的。不管是孩子还是成年人，在日常生活中都会受到各种各样的压力，这些压力如果找不到宣泄的通道，就会对人产生损害，而对正处于成长期的孩子而言，伤害就更大。他们可能因此变得冷漠孤僻，自我封闭，对人与人的感情不信任。也可能因此走向偏激、叛逆，通过一些不正当的途径发泄自我。

　　第一步：停下来。

　　把手头的工作停下来，全神贯注听孩子说话，不仅是尊重孩子的态度，同时也能为父母与孩子的沟通营造一个良好的氛围。父母应该坐下来，用眼睛注视着孩子，微笑着静静听孩子倾诉，父母作为倾听者所给予孩子的关注、尊重和时间，是对孩子最有效的帮助。另外，在倾听这一刻，父母的心应该是一张白纸，对孩子所说的东西不妨先全盘接受，而不是急着用自己的想法加以评判和批驳。

　　孩子最令人惊异也最让人羡慕的地方就是他们是全新的，他们的头脑里总是充满着新鲜的想法、观念和情绪，这些东西对成年人来说可能已经非常陌生了。"停下来"，或许孩子将会给你带来另外一种美感。一位母亲谈到这样一件事：

　　　　母亲把一个驼背的孩子带到自己家玩。

　　　　事先，这位母亲反复叮嘱自己的孩子，千万不要在他的新朋友面前提到他的生理缺陷，以免刺伤他。

　　　　那天下午，两个孩子玩得很高兴，当他们终于坐下来的时候，母亲听到自己的孩子问对方："你知道你背上那个东西是什么吗？"

　　　　驼背的孩子支支吾吾，十分尴尬。母亲很紧张又很生气，很想出去把自己的孩子训一顿，但她忍住了没有出声，她听见自己的孩子说："那是上帝为你造的一个小盒子，里面装着的是你的翅膀。时候一到，上帝会把盒子打开，你就会像天使一样飞起来。"

　　　　多么具有深刻意味呀！

第二步：等一等。

　　孩子毕竟是孩子，有的时候说出口的话并不真是他所想的，只是一种情绪的发泄，即所谓的"口不择言"。这个时候，父母凭着孩子一两句话是很难得出正确判断的。也有些时候，孩子说出口的话因为没有经过逻辑组织，在父母听起来可能有些莫名其妙、不知所云。

　　这个时候父母要注意的是不能急躁。不要听了孩子一两句话就大叫："什么，你舒舒服服待着，爸爸妈妈挣钱养活你，你还过不下去了？"也不要指责孩子说话的方式："你究竟要说什么呀？要说话就好好说，别有一句没一句的！"这样的批评足以让孩子以后很长一段时间失去说话的自信。

　　不妨等一等，听孩子把话说完，或者说，听孩子说出全部事实。

第三步：自己来。

　　有些时候，我们听孩子诉说了事情经过和他的想法，事情也就完了，但有时，为了解决问题，或者为了让孩子"总结经验教训"，我们还需要再加一笔。这一笔加得到位，那就是画龙点睛；加错了，那就是画蛇添足。

一个建议是父母尽量少用自己的嘴巴给孩子提出指导和意见，最好的办法是让孩子自己进行分析和判断，而你依然做一个倾听者，并对孩子的分析和判断做简单的引导。父母说得再多，孩子未必听得进去，而经过他自己思考得出的结论，则会真正成为他的经验。

74. 家长应鼓励孩子说出他们的感觉

注意亲子沟通态度与行为方式：耐心倾听孩子说话；坚持平等、民主地讨论问题，不武断也不迁就孩子，真实地说出对孩子的感受，但不贬损孩子。

孩子看着镜子中自己的影像，从而得知自己长什么样；通过听到映射到他们身上的感觉，从而了解自己的情感。镜子的功能就是反射影像本来的样子，既不谄媚，也不挑剔。我们不希望镜子告诉我们："你看上去糟糕透了。你双眼充血，脸颊肿胀，总之，你乱糟糟的。你最好收拾一下自己。"在这样的魔镜面前露几次面，我们大概会把它当成瘟疫一样避之不及了。对着一面镜子，我们需要的是影像，不是说教。我们可能不喜欢所看到的影像，但是我们还是宁愿自己决定下一步的化妆措施。

情感的镜子功能与普通镜子类似，就是要把情感原原本本地映射出来，不变形。

"你看上去很生气。"

"听起来你非常恨他。"

"看起来你好像很讨厌整件事情。"

对于有上述情绪的孩子，这样的话是最有帮助的。它们清晰地显示了他或她的情绪。透明清晰的影像，不管是在穿衣镜里，还是在情感的镜子里，都能够提供机会让本人自发地修饰和改变。

作为成年人，我们都曾经感到伤心、愤怒、害怕、困惑或者痛苦。在这样情绪激动的时刻，没有什么比一个人的聆听和理解更让人觉得安慰的了。对我们成年人是这样，对孩子也是这样。要用关心的交流取代批评、说教和意见，用人与人之间的理解去给予孩子慰藉，帮助他们康复。

当我们的孩子感到苦恼、害怕、困惑或者痛苦时，我们很自然地会匆匆给出评价和意见，通常会明白无误地说出来——即使不是故意的——"你太迟钝了，不知道该怎么做。"这简直是雪上加霜，在孩子原先的痛楚之上又增加了新的伤害。

有更好的方法。如果我们给予孩子时间和同情，理解他们，我们就向孩子传达了一个完全不同的信息："你对我很重要，我希望能明白你的感受。"在这个重要信息背后是一种保证："一旦你平静下来，我们会找到更好的解决方法。"

家教建议：

别放弃你的孩子！要改变孩子，首先改变你自己，认识你自己。孩子常有很多烦恼，你不能再把你的烦恼强加给他，要学会和孩子沟通。

不妨采用"自己来"的方法，就是引导孩子自己来进行分析和判断，父母仅仅是倾听者。

俄国作家契诃夫说过这样一句话：母亲之所以在教育子女方面不能由别人代替，就是因为她能够跟孩子同感觉、同哭、同笑……单靠理论和教训是无济于事的。

分享：

　　请我们懂得，如果从身体健康上看代表进步的话，那么对社会是一种危险。如果儿童关在与世隔绝的托儿所里，只有一位保育员陪伴，他们得不到真正的母爱，他们正常发育和成长会受到阻碍；发育迟缓、心存不满和精神饥渴成为他们受害的结果。他们没有和母亲生活在一起，他们渴望和母亲在一起，因为和母亲能够进行特殊的情感交流；他们只能和少言寡语的保育员接触；他们通常被放在童车里，从而环境中一草一木都看不见。孩子出生的家庭越富有，这种不利条件越严重。幸好，战后这种状况有很大改变；贫困、新社会条件让父母慈爱地经常地陪伴儿童。

　　一旦障碍被清除，一旦隐藏真相的迷雾散去，一旦我们给儿童提供实际用品，我们就会发现他们渴望并愉快地使用那些物品……但实际发生的情况比这更令人鼓舞。儿童显现出人格完全改变。第一个结果是要求独立，他们仿佛说道："我希望一人做事，请不要帮助我。"他们突然变成寻求独立的人，拒绝任何帮助。没有人会想象到，这是他们的第一个反应，成人不得不只扮演观察的角色。

　　幼儿一旦置于和自己匹配的环境中，就会成为环境的主人。社会生活和性格形成就会自发进行。我们的目标不仅是让儿童幸福，我们还希望儿童成为人的建构者，具有独立自主的能力；成为劳动者和自己环境的主人。这是刚刚开始意识生活的儿童对我们的启示。

——选自　人民出版社《蒙台梭利文集》第五卷

2014 年 2 月第 1 版

［意］蒙台梭利 著　田时纲 译

让孩子管理好自己的小宇宙

　　有些父母不放心自己的孩子单独出去，害怕孩子会磕着碰着，害怕孩子会被坏人拐骗，害怕孩子会迷路……其实，这是不必要的担忧。因为孩子不可能一生都生活在父母的庇护之下，只有教会了孩子生存的方法和能力，才可能让孩子的一生平平安安。

　　每一个孩子都是有自己的想法和做事能力的人，逐渐地放手，孩子自然而然就会管理好自己的学习生活，孩子们总是向上的……

有信心的孩子才有竞争力

　　自信心对于事业简直是一种奇迹，有了它，你的才干便可以取之不尽，用之不竭；一个没有自信的人，无论他有多大的才能，也不会抓住一个机会。

　　　　　　　　　　　　　　　　　　　　　　　——（法国）卢梭

　　我国教育学家刘京海认为："人是怎么生活的，靠自我概念！你觉得自己是个好人，你才会像个好人一样去生活；如果你认为自己是个坏人，你便会像个坏人一样生活。所以，教育的第一要义就是让孩子相信自己是个好人、是个能人！这就是自信心，人格的核心也是自信心。10 岁左右是自信心形成的关键期，此时，形成自信或自卑的自我概念，将会影响到人的一生。"

　　培养孩子的自信心，首要任务是把孩子做对的事情从平凡的生活中挑出来，大加赞扬。

　　有的父母会说："我怎么发现不了孩子的优点呀？我总觉得孩子一无是处，怎么夸奖他呀？和别人家的孩子比，他还差远了，我怎么表扬他呀，一表扬不就骄傲了吗？"

　　其实，有这种想法的父母是在用一种挑剔的眼光看待孩子。当然，并不是说父母用"挑剔"的眼光看待孩子一定不对，关键问题是你"挑剔"的是什么。如果你"挑剔"的是孩子的缺点、短处，那么你传达给孩子的肯定是消极的信息。如果你"挑出"的是孩子的优点，那么，你自然会肯定孩子、赞扬孩子。

190　　　1960 年，哈佛大学的罗森塔尔博士曾在加州一所学校中做过一个著名的实验。新学年开始了,他让校长把三位老师叫进办公室,对他们说:"根据过去三年来的教学表现,你们是本校最好的老师。为了奖励你们,今年我们特别挑选了三班全校最聪明的学生给你们教。这批学生的智商比同龄人都要高,希望你们能有更好的成绩。"

老师们表现出掩饰不住的喜悦,临出门时,校长又叮嘱他们:要像平常一样教他们,不要让孩子或者家长知道他们是被特意挑选出来的。

一年之后,这三班的学生成绩是整个学区中最优秀的,比平均分数高出两三成。这时候,校长才告诉老师们真相,这些学生并不是刻意选出来的,而只是随机抽选出来的普通学生,三位老师万万没有想到事情会是这样的,只有归功于自己教得好而已。而校长又告诉他们,其实他们也是随机抽选出来的。

是因为积极暗示发生了重要作用,这三位老师觉得自己很优秀,充满了自信与自豪,工作中自然就格外卖力;学生知道自己是个好学生,肯定会努力学好,结果就真的全部优秀起来了。

由此可见,建立孩子的自信心是家庭教育的核心任务。

75. 给孩子创造一个自信的环境

美国的心理学家曾对 150 名很有成就的人的性格进行过研究,发现他们都具有三种优秀的品质:一是性格上具有坚韧性;二是善于为实现自己的目标不断进行成果的积累;三是很自信,不自卑。

2000 年,4000 名少年精英报考了清华大学国际 MBA,最终,62 人入选,其中就有北京四中的高才生王海翔。

王海翔就是一个"很自信,不自卑",善于"抓住机会"的人。

清华大学 MBA 分普通班和国际班,考入国际班的学生英语水准很高,英文听说读写成绩都在 80 分以上。与他们不同的是,王海翔没有在外语环境中工作过,口语也不如别人好。所以一开始他就面临很大压力。

细心的妈妈看在眼里,劝他说"要不行咱们就回到普通班?"

第六章 让孩子管理好自己的小宇宙

191

妈妈是个心地平和的人，她很欣赏自己的儿子，也从不给儿子增加压力。她对儿子说："你已经是大学本科生了，又考上清华大学MBA。只要那个位置适合你就好，上普通班、国际班都是研究生，不必太勉强自己。"

王海翔却不同意调班，他说："我相信自己的能力，下功夫不会有问题。"

这之后，王海翔用数倍于别人的努力去学习。第一学期坚持下来，毕业考试就获得优秀，在清华大学MBA国际班里拿到中华奖学金。

王海翔的自信正是来自妈妈对儿子的自信。当儿子"爬坡"时，妈妈从不给儿子任何压力，而是在一旁赞赏儿子已经走过的路程，帮他"数脚印"。妈妈的这种"欲擒故纵"（儿子语）的做法，大大激发了儿子继续向上攀登的愿望："人家行，我为什么不行？让我试试吧！"

那些整天"逼"孩子学习的父母缺少的正是对孩子的信心。那些对孩子"推着、压着、吵着、骂着"的父母，恰恰是缺少对孩子的自信。

自信的人并不是没有压力，不是盲目地自以为是，而是面对压力"知己知彼"。刚刚进入清华，学校里开展了一系列的拓展训练：站在一个9米高的木板上，从一块木板跨到另一块木板。王海翔起初很害怕，他去问教练："两个板之间的距离有多远？"教练说大概是一米四到一米五吧！王海翔偷着跑到旁边，在平地试了一下，发现自己使劲跨出去，能跨出一米六七，他心里有数了：到上面有什么好怕的？这样他完成了"知彼"。他又想：上去就当在平地，最差掉下来也有防护设施，只不过寒碜点而已，于是，他又完成了"知己"。结果，他一次成功。

王海翔因此大受启发：自信来自心中有数，只要做到"知己知彼"，就有成功的把握。学习也是一样的道理。他认真分析了自己的劣势：英语用得少，那么现在就开始用，加大阅读量，在课堂上完全用英语对话；接下来分析优势：自己原本学经济，对其他同学来说，经济是新的学科，而对自己来说是学第二遍。

自信使王海翔在学业上取得了成功，毕业后他被分到一家国际基金会，工作出类拔萃，还获得全系统演讲比赛第一名。他到中国教育电视台"知心家庭"栏目当了一次嘉宾，就被导演看中，不久，成了这个节目的业余主持人。

自信心是孩子潜力的"放大镜"。正如范德比尔特所说："一个充满自信的人，事业总是一帆风顺的，而没有信心的人，可能永远不会踏进事业的门槛。"

成长在一个期望高，只有批评没有夸奖的环境的孩子很难得到自信。相对来说，一个积极夸奖、正面回馈的环境会激发孩子的自信。

76. 告诉孩子，你能行

勇敢的人常说："我能行！"懦弱的人爱说："我不行！"

晓红今年 12 岁了，上小学六年级，老师让她当班干部，她总是说"我不行，我做不好怎么办"。老师反映晓红上课从来都不积极举手发言，其实，提问的问题她也不是不会。老师发现她的嗓音特别好，歌唱得很出色，推选她参加市里的歌咏比赛，她还是说"我不行，我做不好怎么办"。

为了锻炼孩子的胆量，每次他们班级在学校获奖的时候，老师都特意叫她上主席台领奖，可是她从来都是用那两句话来应付人，从不敢积极主动去做事情。

"我不会的"、"我从来都没做过"、"我不行"、"我不敢"、"做错了人家笑话我怎么办"……这些话是缺乏信心的孩子常说的，又因为他们总是抱有这样的想法，行动中也就表现出迟疑、被动、唉声叹气或对自己的能力没有把握，由此恶性循环的话，他们的未来就让人担心了。怎样让我们的下一代"能行"，是每一位父母和每一位有责任感的中国公民所关心的问题。

现在，许多独生子女在家庭的溺爱下，变得胆小懦弱，让他做什么事，想都不想，"我不行"三个字顺口就出来了。"我不行"是一种反向的负信息，是缺乏自信心的具体表现。总用这种信息来暗示自己，一种"我不行"的形象就被自己不知不觉地塑造出来了。

"我能行"是一种正信息，是成功者必备的心理素质。总用正信息来调控自己，一种"我能行"的形象也就不知不觉塑造出来。

"我能行"与"我不行"，虽然只是一字之差，却有着本质的不同。"我能行"是成功者必备的心理素质，而"我不行"正是失败者失败的主要原因，因为他们失去的是成功的重要支柱——自信。

令人不安的是，在当今的家庭中，父母对孩子说"不行"的次数，要比说"行"多得多。其实，为人父母，一定要改变"我不行"这种负意识和行为，树立起"我的孩子能行"的信念，并经常向孩子发出"你能行，你一定能行"的正信息，放手让孩子去实践，去亲身品尝成功的喜悦和失败的滋味。

在孩子要做一件需要勇气甚至有些冒险的事情时，父母不要恐吓孩子，而应该对孩子的精神给予赞赏和适当的引导、保护，给予孩子自信的勇气。

一次，军军看到建筑工人在屋顶上施工。回到家，他对爸爸说："我想到屋顶上去！"

"到屋顶上干什么呢？"爸爸问他。

"那里高，我想到高处去！"

"噢，你的想法不错，而且很勇敢，那你想怎么上去呢？"

"我爬梯子上去啊，爸爸给我安好梯子我就可以上去了！"军军很自信地说道。

"嗯，爸爸可以给你安梯子，不过你要答应我一个条件。"爸爸说。

"好吧，你说什么条件？"

"爬梯子和到屋顶上都很危险，小孩子不能自己来，所以爸爸必须和你一起上去，保护你不受伤害，你说怎么样？"军军想了一会儿，答应了爸爸。

于是，军军在爸爸的保护和帮助下爬上了屋顶，他站在上面兴奋地大声叫喊，脸上洋溢着成功的满足。

这里需要提到的是，家长在对孩子进行性别角色教育时，应注意鼓励男孩子勇敢刚毅的表现。男孩子喜欢登梯爬高，父母不应该拒绝孩子，更不要大声吓唬孩子："掉下来就没命了！"这样会使孩子的胆量越来越小。这时，家长应该对孩子的勇敢精神给予赞赏，同时要给孩子讲清只有在大人的保护下才能爬高的道理。这样既培养了男孩子勇敢的性格，又让孩子增加了安全意识。

比如，孩子去参加比赛，妈妈要鼓励他说："相信你一定能行！"孩子比赛输了，哪怕是最后一名，你也要说："敢去参加比赛就是勇敢的！"

一个人的潜能是很大的，美国一位数学家认为：人的大脑神经元总数在 100 亿到 140 亿之间，因此人一生中大脑可记忆的信息量，相当于世界上最大的图书馆即美国国会图书馆藏书容量的 3-4 倍，而这家图书馆的藏书为 2000 万册。所以孩子的学习成绩一时上不去，我们做父母的不必急躁，要耐心开发，只要你相信你的孩子能行，便一定能行。

有个男孩子字写得很难看。低年级时老师常常说他笨，不如别的孩子有灵气。孩子一点儿信心也没有，字越写越差。

三年级时，换了班主任。一次在孩子写得乱糟糟的一片字中，老师挑中一个写得比较好的字，画了一个大红圈，批了一个大字"好"。

孩子兴奋异常，拿回来给妈妈看。妈妈兴奋地说："我早说你行！瞧你这个字写得就是好！"

从那天起，孩子有了自信，迷上了练字，后来写得一手好字。

是老师那个"大红圈"改变了这个孩子，"大红圈"就是一种正信息的传递。

可今天，我们身边的孩子得到的信息又是什么呢？大人们常常指责自己的孩子"太差了！""太笨了！""太不争气了！"……整天在负信息的暗示下长大的孩子，他们的才能被忽视，无形中给自己下了定义"我不行"，于是就真的不行了。

做父母的，如果不丢掉"你不行"的负意识，便会成为孩子走向成功的最大障碍。

哥伦布曾经说过："世界是勇敢者的。"喊着"我不行"长大的孩子，将来肯定竞争不过喊着"我能行"长大的孩子。

家教建议：

给孩子创造一片广阔的天空，让孩子充满自信。

赏识孩子的创新能力

教育儿童应首先激发其兴趣和爱心，否则只是填鸭式的灌输，毫无意义可言。

——（法国）蒙田

原国家总督学柳斌先生讲过这样一个故事：

一天，柳先生到北京光明小学考察工作，临时决定听听四年级的课。

四年级这个班正在上语文课。一位年轻的女老师在讲俄罗斯著名作家屠格涅夫的作品《麻雀》，大意是：

一个猎人带着猎狗走在森林中，发现一只刚出生不久的小麻雀从树上掉了下来。猎狗想吃掉小麻雀，却突然飞来一只老麻雀，一边发出凄厉的叫声，一边用身子掩护着小麻雀，并最终吓退了猎狗……

读完课文，女教师微笑着问同学："你们想想看，这只老麻雀的行为表现了什么精神呢？"

"表现了伟大的母爱！"

一些同学脱口答道。这是课文的标准答案，书上写得明明白白。

可是，另一个男生却突然反问："你怎么知道这只老麻雀是母的呢？"

大家一愣，旋即爆发出一片笑声，的确，谁能想到这样一个问题呢？提问的男生接着说："课文中没有任何地方说明这是一只母麻雀，怎么就归到母爱了呢？为什么不可能是父爱呢？"

这时，大家不笑了，将目光集中在教师身上。这位年轻的女老师兴奋地点点头，说：“这位同学独立思考，发现了一个大问题。我们应当把答案改为：这只老麻雀的行为表现了伟大的亲子之爱！”

全班一片热烈掌声。

这位小学生敢于质疑的精神，让柳斌先生十分感慨，他在多种场合讲这个故事，希望教育工作者千万不要忽略孩子们的创新精神。给孩子们自由的天空！让他们能飞得更高，更远！

发现儿童就是发现儿童成长的规律，解放儿童就是打破对他们的束缚。

77. 循规蹈矩的孩子就一定是好孩子吗？

大多数父母认为，听话的孩子就是好孩子。他们喜欢按部就班、循规蹈矩的孩子，不喜欢过分张扬、调皮捣蛋的孩子。在许多父母眼中，调皮的孩子难成大器。事实果真如此吗？让我们来看看 19 世纪法国批判现实主义小说大师巴尔扎克的例子。

巴尔扎克小的时候在学校里是个坏学生，经常因为不认真学习而被关禁闭，自从入学开始，他蹲小黑屋的时间越来越长。

后来据学校的校长和校工们回忆，他一星期总要被关上三四天禁闭，久而久之，巴尔扎克习惯了。他在小黑屋里胡思乱想，这培养了他的想象力。

成名以后巴尔扎克回忆说：“只要我愿意，我就在眼前拉上幕布，突然间，我便返回了自我。我会发现一间黑屋子，大自然的事件在其中一一涌现，比我外在的感官感受它们更为纯正……当我阅读描写奥斯特里兹战役的描述时，我会看到所有的事件，耳边响起大炮的轰鸣，战士的喧嚣，使我内心深处异常激动。我会闻到火药味，听到战马长嘶和人声鼎沸，看到原野上各国军队的对垒。”

有时候，他还会邀请自己的好朋友到小黑屋里聊天，他所讲的文学故事会让小伙伴们听得津津有味。孩子们很聪明，为了防止校工或老师突然闯进来，他们便将核桃皮洒在楼房的过道里，一有动静，这个特殊的“沙龙"便会一哄而散。可以说，蹲小黑屋的惩罚锻炼了巴尔扎克的想象力，这或许就是调皮带给他的意外的收获吧。

当然，我们并不是说孩子应该调皮，我们只是希望父母们不要只是单纯地对调皮的孩子乱发脾气，应该弄清楚孩子调皮的原因是什么。

纪律对于促进孩子良好习惯的形成当然能起到重要的作用，但是，对孩子限制过多也不利于他们的健康发展。过于严格的纪律会扼杀孩子的天才。

78.　你是否又"扼杀"了一个"爱迪生"

让我们看一个刚读高二就已经获得五项发明专利的"小发明家"方怀敏的例子。

1999 年，江苏省响水县中学高二（6）班的方怀敏同学一连获得 4 项发明专利。4 月 18 日，他设计的"精确刻度盘"获外观设计专利；7 月 23 日，"粉笔套"获实用新型专利；之后，"自行车防风雨衣"和"旋转量角器"又被国家知识产权局授予专利证书。连同前一年获得专利的"读弧圆规"，15 周岁的方怀敏已拥有 5 项发明的国家专利权。

方怀敏的父亲是汽车司机，在方怀敏很小的时候，他就带着方怀敏到车站里玩。每次看见父亲和师傅们修车，将一大堆零件拆下又装上，方怀敏既羡慕又好奇。终于有一天，4 岁的方怀敏回到家里，把父亲买的玩具小车、小飞机、小手枪，拆的拆、摔的摔，搞得家里一片狼藉，母亲气得直瞪眼。父亲起初也想严声呵斥，杀杀小家伙的顽皮个性。可见到方怀敏倒腾玩具的那股认真劲儿，就改变了最初的想法。他和儿子一道修好了玩具，还对儿子在修玩具的过程中表现出的机灵劲儿大加赞赏。正是父亲的宽容和赞赏，造就了方怀敏好问好动、追根究源的个性。上学后，方怀敏对学习过程中的问题也从不放过。在学习上，他有两个"法宝"：一是"狂轰滥炸"，对一个问题多角度考虑，全方位了解，决不窥一斑就以为见全豹，力求对问题有一个比较系统的认识；另一个是"刨根问底"，对问题的来龙去脉穷追不舍，有一种不知所以不罢休的精神。

"世界固然美好，但并不完美。"方怀敏日记扉页上，端端正正地写着这句话。年纪轻轻的他却能用几乎挑剔的眼光去看待世界，发现瑕疵，再用自己的双手去改造它。

粉笔太脆，长了容易折断，短了又难以握持，而且一堂课下来，老师满手都是粉笔灰，既不卫生又不美观，于是方怀敏模仿自动铅笔来个"外包装"——"粉笔套"就这样诞生了；方怀敏爱听随身听，可是冬天耳机与耳罩同时使用不方便，他就给耳机耳罩来了个"二合一"……

见方怀敏总是忙于小制作、小发明，父母担心他成绩因此下降，但并没有阻止他。父母总是提醒方怀敏：学习不好，搞发明创造就没有后劲，也就"玩"不出什么大名堂；同时，他还让方怀敏制订一个发明制作的计划，对自己的每项小发明先"立项"，后实施，这样就可以有条不紊地进行发明，又能合理地安排学习时间。

1999年初，同学小李因雨衣的下摆被风吹得掀到脸上而从自行车上跌下来，于是方怀敏又打起了雨衣的主意。他想，平时容易掀起的是雨衣的前后下摆，只要将它与自行车接触的部分固定，问题就好办多了。可用什么材料呢？父亲建议用钩子，可这会撕破衣服，万一勾到车轮钢圈里去，还会导致新的危险。在雨衣边缘嵌上磁铁片，全塑自行车怎么办？方怀敏选择了十几种材料，可都不合适，最后他选择了磁性橡胶。又是父亲出马，把材料搞定。于是结构简单、性能方便、成本经济的"自行车防风雨衣"诞生了。

方怀敏在一次次否决中做出了更确切的选择。他没有让父亲失望，一本本烫金的专利证书，让他们欢欣；每学期都少不了的"三好学生"大红奖状，更让他们称心。

试想一下，循规蹈矩的孩子就真的是好孩子吗？大多数的父母认为，世界上的万事万物既然已经存在，就是合理的；他们循规蹈矩，即使发现了错误也不去改正。他们或许也注意到了老师手里的粉笔不雅观，注意到了普通雨衣的不方便，但是他们没有说出来，或者孩子刚说出来就被家长们以想法幼稚"枪毙"了。可是，家长们在否定孩子的同时是否又"枪毙"

了一个"爱迪生"呢？

希望各位父母能从方怀敏父母对孩子创造力的正确态度中获得一点启示。他对方怀敏的调皮既宽容又进行了合理的引导，从而调动了孩子非凡的创造力。

79.　赏识孩子的创新能力

一天，盼盼和几个小伙伴在家里玩，妈妈给他们每人一盒牛奶。孩子们喝完后，都把空盒子扔到了垃圾桶里，而盼盼却没有扔掉。他很兴奋地对妈妈说："妈妈，你看这个盒子像不像一只船？"

"怎么像一只船呢？"妈妈问盼盼。

"如果把盒子剪去一半，再糊上纸不就成了一只船吗？"盼盼天真地对妈妈说。

"好啊，那你先去把盒子洗干净了，咱们来一起做船好不好？"妈妈很高兴地说道。

一会儿，盼盼把盒子洗干净了，妈妈给他拿来剪刀和胶水，几个小伙伴都围在旁边，看着盼盼做船。盼盼做得很认真，一只很简陋但也像模像样的船做成了。盼盼很高兴，其他的孩子也都大受鼓舞，纷纷说："阿姨，我能做成飞机！""阿姨，我能做汽车！"

"好啊，那你们就找一些纸盒子来，大家一起做，看谁做得最好！"

过了一会，孩子们把做好的东西都摆在了桌子上，仰着头，充满期待地看着盼盼的妈妈。妈妈赞扬了他们每个人，并告诉孩子们："平时只要多动脑筋，发挥你们的想象力和创造力，每一件物品都可以变成工艺品。"

孩子经常会有一些奇怪的想法和念头，这些想法也许看起来很荒唐，甚至不着边际，但这是孩子创造性的体现，是培养孩子创新意识和能力的绝好机会。父母应该赏识和鼓励孩子，让孩子按照自己的想法去实践。如果父母认为孩子的怪念头是在胡闹，而阻止和训斥孩子："这么脏，快扔了！""别胡闹了，这样不行！"就会把孩子的创新意识扼杀在摇篮之中，让孩子不敢再有这些奇怪的念头，更不敢创新了。

因此，应该对孩子的创新意识给予赏识和鼓励。当孩子产生新奇的想法时，告诉孩子："来，把你的想法详细说说！"当孩子做的事物超出常规时，对他说："你真不简单，做出了这么有创造性的东西！"这样才能鼓励孩子敢于幻想，敢于创新。世间有很多发明创造，都是有了所谓痴人说梦般的幻想才成为现实的。因此，父母要鼓励孩子异想天开，大胆联想，发表自己的独立见解，并鼓励他们付诸实践。

在孩子的世界里，很可能会因为无意中的一点小错误而发现人生更美丽的景色。如果能提醒他们拓宽思维、发挥创造性，也许能发现和创造出更令人惊奇的美丽，还能够让孩子对发现世界产生更浓厚的兴趣和更饱满的热情。

玲玲非常喜欢画国画，但是她经常会为一些小小的失误而苦恼。比如有时候会在下笔时掌握不好，积下一大团墨；而有的时候又因为收笔时手不稳，留下一个小尾巴。

一次，玲玲正在画荷花。这时，一个亲戚到她家来拜访，看到玲玲在画画，就很有兴致地站在旁边看。

"玲玲画得真不错！"亲戚一边看，一边夸奖她。

也许是因为受到夸奖太激动了，或是因为有陌生人在场有点紧张，在最后收笔的时候，玲玲没有握紧笔，在绿色的荷叶上留下了一块大大的墨迹。玲玲难过得眼泪都流下来了。

这时候，一直在旁边观看的亲戚微笑着对玲玲说："那张画只是有一点点墨，完全可以补救一下啊。"

"怎么补救啊，还是重画吧。"玲玲摇摇头说。

"可以补救的。你再想想，湖里除了荷花，还有什么会在荷叶上？"

玲玲听了这话，好像突然想起了什么，拿起笔来，在刚才滴墨的地方，描描画画了一番。

等画完了，大家一看，她在荷叶上画了一只墨绿色的小青蛙，真是绝妙极了！大家都为玲玲鼓起掌来，玲玲也破涕为笑，激动地对亲戚说："谢谢您！"

后来，玲玲对画画更有兴趣也更有信心了。

由此可见，孩子的创新性和想象力需要大人的引导和挖掘。父母不要总是等孩子自己做出什么创举，然后再去赏识；而应该善于发现，当孩子遇到困难或阻力的时候，运用你的想象力，给孩子适当的指导，让孩子用更巧妙、更具创造性的方法化解意外和阻力。

当孩子告诉你他有一些新奇的想法时，不要因为这个想法太奇怪而拒绝和嘲笑孩子，而应该认真听听他的想法。可以告诉他："不错，把你的想法详细和我说说好吗？"

当孩子发挥自己的创新能力，做出一件不被大众认可的作品时，父母应该赏识并鼓励孩子的作品，并引导他继续思考。你可以说："你的创意棒极了，也许再仔细想想，会有更好的创意！"

家教建议：

🌿 对于年龄并不太大的孩子，父母不应该设定太多的限制，过分的约束不利于孩子个性的发展。

🌿 保护并适当引导孩子的许多看似天真的想法，父母应该善于发现孩子调皮人性里所蕴含的创造力，并将它发掘出来。

🌿 当孩子在做事情的过程中出现阻力和意外时，父母应多指导孩子拓展思维。可以对他说："发挥你的想象力，一定可以有好办法。"

让孩子树立正确的金钱意识

对小钱不要过分去计较。金钱是生着羽翼的东西，有时它会自行飞去，有时必须将它放出去，才能带更多回来。　　——（英国）培根

当今天的父母们还是孩子的时候，对"理财"、"消费"、"财商"之类的词汇十分生疏，而今天的孩子却早已在这种语汇的海洋中游弋，并且成为商业社会消费的主流群体。他们追逐名牌，吃"麦当劳"、"肯德基"，喝"星巴克"，穿"阿迪达斯"、"耐克"，玩"史努比"。他们生日请客，升学请客，考试第一请客，比赛获奖请客。他们小小年纪刷卡消费已成平常事。

英国哲学家培根有句名言："金钱虽然是好仆人，有时候也会摇身一变，变成坏主人。"在市场经济的新形势下，很有必要让青少年树立正确的金钱意识，懂得金钱需要用劳动去获得，而且要学会节约用钱，绝对不能"一掷千金"地挥霍。从小就要有意识地培养他们自主理财的能力。从眼前来看，能养成不乱花钱的习惯；从长远来看，将有利于及早形成独立自主的生活能力，以便在高度发达、快速发展的时代中，具有可靠的立身之本。

80. 孩子摆阔为哪般?

钱是用来满足自己丰富的物质生活与精神生活需要的。自己需要买零

食吃、买好衣服穿、出去参观旅游、看展览、买自己喜欢的玩具等，这都无可厚非，只要家里的经济条件许可。

但是，家长至少应该告诉孩子——钱不是用来摆阔的。因为自己现在还不能去挣钱，所花的钱都是父母给的，没有什么可骄傲的。如果家里的经济条件不好，也没什么好自卑的。因为以后的一切都要靠自己努力去争取。同时，家长可以给孩子一些引导，比如要求孩子制订计划、管好压岁钱、分清该花与不该花。

教孩子使用零花钱是让孩子学会如何预算、节约和自己做出消费决定的重要手段。零花钱的多少并没有一个定值，主要依据孩子一周的消费预算来确定。这些开支包括：孩子正当娱乐消费的开支，如吃零食；孩子日常必需的开销，如车费、买学习用品；再增加一些额外的钱以便为存钱创造可能性。

至于零花钱的使用，家长需要适当引导，毕竟自己的孩子因零花钱而导致心理失衡，是每个家长都不愿看到的。

日前，《唐山晚报》在一版头条位置以"不买好文具，孩子要退学"为醒目标题，报道了家住该市天元小区的一名 10 岁小学生今年开学偏要购买一个 156 元的新书包，妈妈嫌贵没有给他买，他就连哭带闹，最后竟声称"不买新书包，我就去退学"，以此来威胁父母。

据孩子的外祖父王先生介绍，他外甥今年上小学二年级，家里的书包、文具已经堆了很多，足够开个文具店了，可每到新学期他总是闹着买一些新文具，每次都要花上几百元。这次开学他看同学买了一个 128 元的书包，就非要逼着妈妈给他买一个 156 元的新书包不可。据笔者了解，孩子养成的这种"攀比奢华、炫富摆阔"的欲望和追求虚荣的行为，具有一定的社会普遍性。这是多么令人烦恼和担忧啊！

现在"独生子女"家庭较多。一般父母对孩子都有出于天性的"宠爱心理"，认为一家只有一个"宝贝"，所以过于偏爱，在家里基本都是以孩子为"中心"，一切围绕孩子"转"，千方百计满足孩子的"需要"。很少对孩子进行艰苦奋斗的传统教育、爱国主义教育和服务社会教育，更缺乏应有的人文关怀方面的教育，这样极不利于孩子的健康成长，还会给我们的和谐社会埋下不可估量的隐患。因此，孩子攀比奢华、炫富摆阔的不良行为，应引起全社会的普遍关注，切莫熟视无睹，放任自流，任其蔓延。

81. 向优秀人物学习

"老同学聚餐150元，请室友吃饭200元，买礼品送给女朋友200多元，给自己新添一个手机1500元……"这是一名大二学生一个月开销的明细账。由此可见，饮食、日常用品在学生的每月支出中已不是大头儿，所占比例不到一半。许多大学生穿衣要名牌、吃饭要高档；手机、电脑一个都不能少；生日会、老乡会、欢送会、庆祝会，要参加就得付钱。添置衣服、请客喝酒等所谓的交际、应酬费用占了相当一部分；购置电脑、手机、数码相机及旅游等，更是学生消费的"大头儿"。女生的花费在衣服、化妆品方面所占的比重相当大，而男生则侧重于联络朋友、抽烟喝酒。

如今，我们所生活的社会，时时事事都能和金钱扯上一些关系，所以父母只有让孩子掌握自主理财的本领，才能将金钱为自己所用。

有一个山东女孩叫甘琦，父亲去世了，母亲收入很低，但甘琦学习刻苦，成绩优异。她就读的学校是一所英语特色学校，有一位英国的老师非常喜欢她，对她说：你想不想到英国去留学？我可以做你的担保人。

甘琦回家后跟妈妈商量，妈妈却很为难，语重心长地对她说："闺女，你想出国留学是件好事，但是咱们家拿不出钱来供你到国外读书。你要去，只能靠自己，靠奖学金。"甘琦对妈妈说："我一定会努力的！"

不久，甘琦如愿考取英国一所学校，并且获得了全额奖学金。可是，升入高中后，她的奖学金不够支付学习和生活的费用了，于是，她一边上学一边打了三份工。

英国这所学校的校长知道了甘琦的家境，就把她找来，对她说："甘琦小姐，我知道你非常辛苦，现在咱们学校有一份工作，如果你干了这一份工作，上学的所有费用就都解决了。不知道你愿不愿意？"

甘琦非常感谢校长，当即表示："我非常愿意，您说吧，什么工作？"

校长说："刷厕所，你能接受吗？"

甘琦说："非常感谢校长，我愿意接受！我保证把这份工作做好，让大家满意！"从此甘琦就一边上学一边打扫厕所。

甘琦的所做所为招来不少讥讽和嘲笑："你怎么干这种工作？真

脏！"甘琦却微笑着告诉同学:"我靠劳动赚钱，我很干净！"就这样，她以超乎常人的努力最终考上了英国的剑桥大学。

甘琦取得了令人钦羡的成绩，而她取得的成绩和受到的尊敬与任何名牌没有关系。

82. 让孩子做一份自己的财务计划

要在这充满诱惑的花花世界中不为所动，最好的办法就是严格按照财务计划花钱。一个准确地反映孩子自己对金钱的控制目标的、有力得当的计划，能使孩子清楚地认识到自己当前的财务状况，以此来把握金钱流向并做出消费决定，以达到控制金钱的目的。

（1）制订月份财务预算表。让他们尽力把上个月的各项花费重新组合，把收据、发票等全部拿出，然后把这些分为几大类，例如食物、衣服、书本、娱乐等。如果没有保留这些消费记录的话，就不容易组织上个月的金钱流向，可以让孩子从现在开始坚持每天记账。

（2）收集到这些以前的消费记录资料以后，让他开始建立计划。决定该买哪几类物品以及各自的具体钱数，然后严格按照计划执行。并要孩子随时查看他的计划，如果还有别的需要，及早做出更正，如食物支出超支，就要考虑消减衣服支出或娱乐支出来控制总额。告诉孩子这是执行财务计划最困难的地方，但是总比长期处于财务困境要好得多。

（3）月底时再次评估执行计划的成果。教会孩子在计划与实际花销的对比中，积累经验教训，决定下个计划中删除某一项费用，或者为购买另一项更大花费的物品提早节省。长期下来，你就会发现孩子改变了许多，可以量入为出，而且游刃有余。

（4）在计划之余，最好让孩子事先准备一些随心所欲的零用钱。当然数额不能过大，一般以占月总计划支出的5%为宜。这样孩子才会不至于受计划的限制，计划也变得有效而令人快乐了。

83. 让孩子学会节约

告诉孩子，与其拿所有的精力去赚钱，还不如减少一点点对金钱的需求。减少不必要的花费，实际上是变相的收入，提高了手中金钱的利用率。

首先，让孩子停止购买"无用之物"，反省他的购物习惯。 比如：定出每个星期只有一天可以购物，且只能买日用杂货及真正需要用的东西；买东西之前必须要想清楚是否真的需要，可以让他在心里问自己"我需要这个东西多久"、"是不是已经有其他东西可以替代打算要买的东西"之类的问题；适当延迟一些数额较大的购物的时间，或许，一个月之后他就会发现实际上不需要这个了；逛街的时候务必提前列好购物清单，千万不要为了消遣而买东西。

其次，改变他的逛街方式。 如果他觉得还是很难控制自己的购物欲望，可以让他的购物行为变得复杂一些，或干脆在他想逛街的时候做些其他的替代活动，可以给他这样一个建议：逛街的时候只允许带少量的零花钱，根本不够买什么奢侈品的；和朋友一起逛街，让朋友随时警戒他的购物行为，当然，这个朋友一定不能是个购物狂；或者干脆安排他去逛公园或者参加体育运动什么的。尽量克制他追求流行的欲望，流行只是商家故意制造出来的、用以刺激消费的，千万不要被这种趋势所误导。

第三，让孩子养成存钱的习惯。 口袋里有现钱，银行里有可观的存款，会使你的孩子轻松自在，同时他的自信心也会不断增强。对所有的人来说，存钱是取得成功的必备条件，存钱可以使他将来的活动有很大的缓冲余地，而且出现突发事件的时候也不会手忙脚乱。可以让孩子使用存钱罐，或者在银行开户，养成定期存钱的好习惯。

家教建议：

培养孩子自主理财的能力，首要是正确对待金钱，既不能淡漠，更不能崇拜。要让孩子知道父母挣钱的辛苦和来之不易。

一茶一饭，当思来之不易。从小就有意识地培养他们自主理财的能力，以便在快速发展的时代中具有可靠的立身之本。

让孩子做一份自己的财务计划，并严格控制金钱支出，可以提高孩子的理财能力，并使自己量入为出，而且游刃有余。

在这里，我想提醒爸爸妈妈们，尤其是那些经济状况比较宽裕家庭的父母，不要让孩子在经济方面产生比别人优越的心理，更不要让孩子在金钱方面有优越感，因为这对孩子并不是好事。让你的孩子"变"得普通一点儿、平凡一点儿，并不是虐待孩子，而是给孩子一个安全的生活空间。

鼓励孩子正常的社会交往

完整的教育可能使人类身体的、智力的和道德的力量得到广泛的发挥。

——（俄国）乌申斯基

父母生儿育女，就有了爱的责任，爱的唯一目标应该是培养孩子全面发展的健全人格。因此除了学习，更要注重品德、性格、体质等多方面的培养。单纯注重学习的教育，培养出来的孩子是畸形的，不能真正适应未来生活，他们的独立性、动手能力、与人交往与合作等方面的才干都会有缺陷。一直以来所说的"高分低能"是这类缺陷的形象化。

有人认为"高分低能"是独生子女的通病，把原因归结为"独生"。事实上，任何一个孩子，无论是独生还是非独生，作为"自然人"来到世上，并没有本质的差异，而是在后天的社会化过程中，由于父母的教育和环境的影响，才形成了不同的品质和能力。

父母都希望自己的孩子有一个和谐的人际关系，能和小伙伴们和谐相处、互相帮助。因此，对于孩子交往中遇到的种种难题，应该建立在以和为贵、发展友谊的基础上。鼓励孩子用心与他们沟通，相信孩子的真诚可以打动他们，从而把对手变为好朋友。

84. 如今的孩子为什么爱玩手机

如今，手机并不是什么稀罕之物，在城市里，几乎是人手一部，有的甚至有好几部。

一个初二男孩的母亲曾这样说：我儿子一上初中就缠着我买手机，说班里的同学大部分都有，自己没有很没面子。

虽然很多人认为中学生没有必要用手机，但是担心孩子可能因此自卑，只好答应了他。可没料到他自从有了手机，就对发短信上了瘾，不管是写作业、吃饭还是看电视，都一心二用，不停地发短信。

尤其是智能手机诞生以来，可以说手机成了许多成年人生活中不可分割的一部分。以前的"煲电话粥"代之以"无声无息"地微信交流……似乎手机提供给孩子一个广阔的世界。

许多成年人都无法控制玩手机游戏，乐此不疲于手机购物，又何况孩子们呢？孩子透过手机不仅可以看到老师布置作业、同学之间的动态，在孩子的眼中，手机还提供了平等看世界、无差别购物的方式！因为许多一线城市的品牌货，在小城市还没有卖的呢。孩子觉得手机购物就是好。

首先，微信聊天是孩子渴望与同伴交往。孩子在成长过程中，主要受到来自家庭、学校、同伴和社会的影响。10岁以前，家庭的影响力最大，这时的孩子最渴望父母的陪伴，最在意父母的评价，遇到困难或有心事时，父母是他们倾诉的首选对象。

然而随着年龄的增长，同龄人的影响力渐渐超过了父母。举个简单的例子，七八岁的孩子对于穿什么衣服一般都听从父母的安排，但升入中学后，如果同学说："你这件衣服一点儿都不适合你，太没个性了！"那么，不管父母怎么劝说，孩子都不再喜欢穿这件衣服了。

由于同伴关系的重要性，每个孩子都不可避免地对此心怀敬畏，甚至不顾一切地加以维护。通过打电话、发短信、微信交流，孩子们彼此分享欢乐、分担忧虑、守护秘密，享受着同龄人带来的轻松和自然。

其次，做父母的，要理解孩子内心的孤独。如今的独生子女越来越多，父母和孩子的成长环境相距甚远，独生子女内心的孤独感是父母无法理解的。建议父母在多跟孩子交流的同时，鼓励孩子和同龄朋友交往。同时，不要不加分析地认为孩子用手机就是不好的事情，因为手机毕竟是时代的产物，具有方便性、实用性、必然性。

告诉孩子，虽然电话、短信方便高效，但它毕竟不能代替面对面的人际交往，它只是沟通的辅助手段。越是现代生活，越需要丰富的情感交流，一个善于面对面交流的人，会有更强的适应能力。微信的人际关系毕竟不是真实地面对面交流；只有真实地交往，友谊才谈得到地久天长。

另外也要和孩子协商好用手机的时间，这样彼此不再为手机带来的负面因素而烦恼。尤其是要尽可能远离手机游戏，反复给孩子树立正确的时间观念，青春是用来学习的，而不是游戏的。

85. 让孩子拥有自己的朋友

调查显示，有 45.3% 的父母为了不耽误孩子学习，要求孩子减少和朋友的交往。父母适度的提醒、节制是必要的，但是，必须看到朋友对孩子的成长不可或缺，限制过多会得不偿失。应该鼓励孩子大胆交往，特别引导孩子为弥补个人缺陷而交往，这对孩子是一种挑战，会给孩子带来突破性和均衡性的发展。

在成长过程中，孩子是需要朋友的。父母对孩子的朋友都比较重视，一般都希望孩子的朋友是品学兼优的好学生，可以给孩子带来有益的影响和帮助。可是，有时父母会发现，孩子交往的朋友不一定都能令自己满意。

有些父母喜欢按照自己的意愿要求孩子去选择朋友，这给孩子带来了一定的心理压力，甚至还会引起孩子的逆反心理。怎样去对待孩子的朋友呢？这个问题一直困扰着许多年轻父母。

其实，最关键的是父母要转变态度，让孩子拥有自己的朋友，尊重他的选择，而不是用挑剔的眼光来衡量他们。这样，孩子自然也就会接受父母的帮助和指导。孙云晓教授曾在"百家讲坛"中讲到，让孩子拥有自己的朋友比拥有好的学习成绩重要。

孩子只有有了自己的朋友，才会有更多的生活体验，学会如何与人相处，如何关心和帮助他人，如何解决与他人的矛盾，如何向别人学习……这样，孩子才能从中获得交往的快乐，也才能有健康的人格。

没有朋友的孩子可能会出现各种各样的问题，严重的还可能陷入犯罪的深渊：

> 有个学生名叫王朋（化名），学习成绩非常好，曾拿了全国中学生化学奥林匹克竞赛第一名，因而被保送到某名牌大学化学系。在他读大学三年级的时候，因犯故意杀人罪被判处有期徒刑11年。

> 他从小就只知道学习，不会交往，没有朋友。到大学三年级后，他发现没有朋友很难生活。但交朋友是需要学习的，他不会。他就和同宿舍的一个男同学形影不离，两个男生天天粘在一块儿，别人觉得很奇怪，于是议论纷纷。那个男生就不和他来往了。他很生气，要报复那个男生，于是搞来一种剧毒的化学物品——铊，投放到那个男生的牛奶杯中……

王朋是一个学习特别勤奋的孩子，为什么会犯下故意杀人罪呢？他的父母有没有问题呢？他的父母并没有意识到孩子缺乏朋友的危险性，没有意识到孩子有心理上的障碍。

有些父母喜欢干涉孩子的交友，以致孩子很难交到朋友，甚至没有朋友。在这个合作的时代里，没有人能离开群体，离开人际交往，孩子也是如此。没有朋友的孩子，其内心势必会产生对友谊的极度渴望，行为上的孤僻与内心中的渴望容易造成孩子性格的扭曲。只有孩子拥有了自己的朋友，他才可能有健康的人格。

孩子作为一个独立的个体，有自己选择朋友的权利。但这并不是说孩子无论交什么样的朋友都可以，还是有一个度的，父母应当适时地把握这个度。也就是说，只要孩子的朋友品质上没有问题就可以。

在孩子的成长过程中，要告诉孩子不是每个人都可以做朋友，朋友之间要相互欣赏、相互支持、相互帮助；更重要的是在与朋友相处中，一定要学会保护自己。真正朋友是彼此知根知底，并且"三观"基本一致的。现在社会人际关系网仿佛变大了、变宽了，但是朋友本质是没有变化的。

物以类聚，人以群分。父母对孩子交友的担忧不无道理。

> 最近一段时间，妈妈发现小凡不太高兴，于是问他："怎么了，小凡，在学校里遇到什么不开心的事情了吗？"
> "没有什么。"小凡回答妈妈。

"那我怎么发现你不开心呢？是不是有人欺负你了？"妈妈接着问。

"我说过没什么了，妈妈你别管了。"小凡一边说，一边朝妈妈挥了挥手。

这时，妈妈发现小凡的胳膊上有条伤痕，不禁吃了一惊，急忙抓住他的胳膊，问道："到底是怎么回事，快告诉妈妈。"

小凡一看瞒不过妈妈，就一五一十地告诉了她。原来班上有个同学特别霸道，经常欺负小凡，有几次还动手打了他。听到这种情况，妈妈非常认真地对小凡说："别人老欺负你，你应该还手。"

小凡的爸爸听到了妈妈的话，不解地说："还手干什么，打架吗？哪有你这样教育孩子的？打架根本解决不了问题的。"

妈妈说："那你说怎么办？难道就这么老让人欺负？"

爸爸说："我也不知道怎么办，总之不能鼓励孩子动手打架，再说，要是孩子打不过别人，怎么办？"

听着爸爸妈妈的争执，小凡默默地回到了自己房间。

小凡的爸爸妈妈碰到的确实是一个十分棘手的问题。孩子在与小伙伴的交往中，总会发生一些矛盾，甚至动手打架。这时候，父母应该怎样面对？是让孩子默默忍受，还是以牙还牙？这些都不是好办法。如果孩子之间有矛盾，应该鼓励孩子去和对方交朋友，对孩子说："不要打架，你应该主动讲和，告诉对方，你想和他成为朋友！"

父母都希望自己的孩子能有一个和谐的人际关系，能和小伙伴们和谐相处、互相帮助。因此，对于孩子交往中遇到的种种难题，应该建立在以和为贵、发展友谊的基础上。鼓励孩子用心与他们沟通，相信孩子的真诚可以打动他们，从而把对手变为好朋友。

对待孩子的交友问题，最好是尊重孩子的意愿，让孩子拥有自己的朋友。父母不能以自己的意愿来强求孩子选择朋友，也不能对孩子的交友放任不管。只要孩子的朋友在品质上没有问题，父母就不应该干涉他们的交往。

如何真正让孩子拥有自己的朋友？专家的建议是：

◎ **鼓励孩子进行正常的交往，多交朋友，包括异性朋友。**父母可以鼓励孩子和其他的孩子交朋友，交一些与自己个性不同的朋友，比如胆大的就可以找胆小的，内向的就可以找外向的，形成优势互补。父母也要注意不排斥孩子交一些异性朋友。

◎ **为孩子创造交友的条件**。父母可以把孩子的朋友请到家中来玩，还可以参与到孩子的活动中去。孩子缺乏朋友的时候，可以带孩子一起外出旅行或者一起参加某项活动来扩大孩子的交友范围。

◎ **重视孩子的交往困难**。孩子与他的伙伴在交往中或多或少会产生一些摩擦。父母在孩子出现不愉快情绪的时候，要注意以关爱的方式去询问孩子。如果孩子真是遭遇到了交往挫折，父母最好能和孩子面对面地坐下来好好谈一谈，讨论什么是真正的友谊，应该怎样解决矛盾等话题，并指导和帮助孩子处理交往中的困难。

86. 培养孩子与人交往的能力

卡耐基认为："一个人的事业成功，只有 15% 是由于他的专业技术，剩余的 85% 都归于人际关系和处世技巧。"这与我国传统文化当中所追求的"天时、地利、人和"的人生境界不谋而合。人生的美好是人情的美好，人生的丰富是人际关系的丰富。愉快、烦恼、悲伤、爱与恨，都同样与他人的交往和关系息息相关。今天的青少年不但要把功课学好，父母还必须引导孩子逐渐掌握交际的能力，为他们的将来做准备。人际关系交往是孩子学习做人，从"自然人"转向"社会人"的一个重要途径，良好的社会交往能扩大孩子的视野，使他从生活中学习一些书本上没有，而实际生活中又确实需要的知识。

在人人渴望成功的现代社会，出色的与人沟通的本领是一条金子做的纽带，连着你和他人，也连着你和成功。良好的沟通能力大大增加了一个人在激烈竞争中脱颖而出的机会。让孩子从现在开始练就一身良好的沟通本领，就是在为他的未来人生铺路。要想让你的孩子成为一个成功的人，就要让他掌握与人沟通的黄金技巧。

◎ **让孩子学习沟通的基本技巧**。

如果你的孩子现在还不是很擅长与人沟通的技能，作为父母，请不要着急，因为良好的沟通能力是完全可以通过后天学习得到的，是有迹可循的。不妨让孩子学学下面的技巧：

（1）**掌握说话的场合。** 要让孩子知道，说话要注意场合，对与自己年龄、身份不同的人，说话的语气、措辞是不能一样的。比如，可以和自己关系密切的朋友开玩笑，对长辈就不能这样。

（2）**掌握说话的时机。** 一个人说话的内容即使再精彩，如果没有把握好时机，也可能达不到效果，或者干脆起了反作用。所以，要让孩子学会根据对方的性格、心理、身份以及当时的氛围等条件，考虑自己说话的内容。

（3）**把自己的意思说明白。** 沟通的最终目的就是要将信息传递给对方，而只有交谈双方对问题概念明确一致，你的观点才会被对方领会、接受，避免造成误解。

◎ **掌握好交际技巧。**

有这样一个年轻人，他想得到一家大公司的旅游赞助，便想方设法通过各种途径了解到公司的总经理具有强烈的炫耀自己的欲望，还听说他有一张一百万的支票作废以后，就把它陈列在柜子里了。所以，那天这个年轻人一见到总经理就大声说："总经理先生，今天我是专程来欣赏您的那张一百万的支票的，一百万呀！"看到以后，又惊讶又兴奋地说："我发誓，从生下来到现在，我从没有见过如此巨额的支票！"总经理开始滔滔不绝地向他讲述自己是如何变得阔绰、气派的，讲了几个小时。在高兴之余，这位总经理就很容易地签了一张一千美金的支票来赞助年轻人的短途旅行，并且还乐此不疲地给这位年轻人做了半天导游呢。这位年轻人就是凭自己所精通的交际能力而大获全胜的。

交际能力是在人的发展过程中起重要作用的一种能力。卡耐基曾说过，一个成功者，专业知识所起的作用是 15%，而交际能力却占 85%。人际关系的和谐，交往本领的高强，是未来社会判断成功者的重要标准。放眼当今世界，确实可以感受到：成功的管理者或企业家无不和突出的交际能力连在一起。一个学生可以从与同学交往、与老师交往，甚至与父母交往来锻炼自己，只要做到：真诚、热情、爱帮忙、不计较、做好自己的事情，相信每个孩子都会赢得良好的人际关系网。

但另一方面，我们也要告诉孩子要勇敢地说"不"。当自己不愿参与有些事情的时候，当这件事情明明不合常识、不合常理的时候，要勇敢地说不。

家教建议：

🌸 鼓励孩子正常的社会交往，不要过份限制孩子的社交行为。

🌸 尊重孩子的朋友。有些父母喜欢按照自己的意愿、喜好去限制孩子交友，这对孩子并没有益处。孩子是一个独立的个体，有自己选择的权利。父母要放下交友的分数标准，只要孩子的朋友没有品质上的问题，就不要干涉孩子交友。

🌸 交际作为一种能力，也是可以慢慢培养的，而且应该从小培养。

性教育是孩子的必修课

我们可以从儿童的权利、生命的珍贵这些角度来考虑性的教育问题。他有权利知道这些问题，他也有责任保护自己的生命、珍惜自己的生命，性是他成长的一部分。

—— （中国） 孙云晓

性教育是孩子的必修课，为什么谈这样一个问题呢？如果你有孩子，特别是当孩子长大一些，你会发现很多跟孩子有关的性信息就来了，这个问题会让父母感到特别困惑，因为父母不知道该怎么回答。

比如孩子问你："妈妈，我是怎么来的？你怎么生的我？"妈妈很难回答。甚至孩子还会问更复杂的问题，父母更不知道该怎么回答。因为我们中国的父母大部分都没有受过正规性教育，不知道该如何面对这些问题，但是你又不得不面对。

对小孩子，从小就告诉他一个道理："别人不能随便触摸你的身体。"这句话很重要。你也不能去随便触摸别人的身体，特别是有些部位不能随便触摸，为什么呢？你不用讲那么烦琐，就说这样做不礼貌、不文明、不健康、不好。因为每个人的身体都是属于自己的，你有权利保护自己的身体不受别人的随便触摸。

87. 性教育这门课永远不能回避

有一本书叫《藏在书包里的玫瑰》，专门写中学生的性问题。他们调查采访了 13 个发生过性关系的中学生，发现这些问题真是让父母和老师很痛心。这本书很畅销，引起强烈的反响。书中有 5 个数据特别值得大家注意。

◎ 在发生性关系的学生中，半数以上是师生公认的好学生；

◎ 在发生性关系的学生中，1/3 来自重点中学甚至是声名显赫的学校；

◎ 他们初次发生性行为时 100% 不用安全套；

◎ 他们有过性行为的事实，父母与老师 100% 不知道；

◎ 他们对学校与家庭的性教育 100% 不满意。

2006 年初，北京某区检察院受理了一起抢劫案，犯罪嫌疑人王翔（化名）是某重点中学高一的一名学生，16 岁的王翔还有一个更为特殊的身份，他是一个几个月大婴儿的父亲。

读高一的王翔是一个贪玩的孩子。一天，他的班主任不满意他的表现，就偷偷翻他的书包，并在书包中发现一封信。信是写给一个女生王雪（化名）的，信中有他们发生性行为的详细描写。老师看完后大为吃惊，他找王翔谈话。很快全校都知道了王翔和王雪的事，学校对他们进行了严厉批评，并停了他们的课。

两个孩子的做法使两个家庭同样无法接受，父母对他们不断训斥。没办法，这两个被学校和家庭同时抛弃的孩子又聚到了一起，他们找了一个出租屋，同居在一起。不久，王雪怀孕了。两个人商量一定要把孩子生下来，证明给大人看，我们是有真正爱情的，我们能对自己的行为负责任！怀胎十月，学校和父母对此一无所知。孩子出生以后，两个年轻人才意识到养一个孩子如此艰难，最难的是他们没有钱。于是王瑞峰就上街抢钱、抢手机。很快，他被公安机关拘留了。

这是一个较为极端的个案，也许正因为极端，更深刻地暴露了教育上的缺憾。

如果这对少男少女受过良好的性教育，我相信他们至少会采取避孕措施，更不会草率地把孩子生下来；

如果学校是以人为本的教育，尊重未成年人的个人隐私，这两个孩子或许会反思并收敛自己的行为；

如果两个家庭对孩子多一分理解和关爱，不是拒绝而是接纳孩子，这两个孩子不会离家出走在外同居，直至怀孕生子。

由此可见，性教育这门课是永远不能回避的。

88. 让孩子感觉到性是美好的

如果你家里有一个青春期的孩子，就一定要有一本有关性教育的书。10岁到20岁一般被认为是青春期的年龄，你要有一本书，孩子可以自己看，但是再怎么自己看，也不能代替家庭的性教育。

怎么对孩子进行性教育呢？最重要的一个观念就是：父母要把性当作每个人成长过程中必须要了解的科学理念和知识来介绍给孩子。要把性看作是美好的，爱情是珍贵的，一定要确立这个观念。

面对孩子感情的萌动，有一个妈妈就很不明智。她偷看孩子的日记，一看孩子在日记里写了性幻想，就想：真丢人，下流，这么小就下流。

其实青春期的孩子产生性幻想是非常自然的事情。这个妈妈居然还把日记拿到学校给老师看，这个女孩子因此离家出走了。她跟父母没法沟通，痛苦之极。

孙云晓教授到日本访问过，他觉得日本二三年级做的这个尝试非常大胆。

在教室里搬来两个人偶，软胶的，跟真人一样，一个爸爸一个妈妈。软胶这种材料做起来很逼真，包括乳房、阴茎、阴毛，都非常清晰。

人偶一被拿进来孩子就乐了，老师说："同学们，你们知道我们人是怎么生出来的吗？"

小孩说："鸟叼来的"、"河边捡的"。中国也有类似的说法。

也有说是爸爸妈妈生的，怎么生的呢？老师就给他们演示：爸爸妈妈很亲密地拥抱在一起，爸爸的阴茎怎么进入妈妈的阴道，怎么怀孕，然后是什么过程。

最后老师问孩子们："看明白了吗？你们可以过来试试，可以摸摸。"

小孩都过来摸摸。这样的性教育很直观，孩子看完之后就知道了这件事情，就不那么好奇了。

所以说孩子在小的时候问起这种问题，你要坦然地跟他讲，或者拿本画册告诉他这是怎么回事。但是更重要的是，你不要用成年人的思维去想：孩子知道后会不会马上去试一试啊？

最重要的是让孩子感觉到性是美好的。

德国人比较现实、比较实际。中国一个五年级的女孩到德国跟着妈妈生活。到这个小学不久，就有一个德国小男孩宣布他爱上了这个中国小女孩。他特喜欢这个中国小女孩，中国小女孩却不太喜欢他。

结果有一天，中国小女孩病了没来上课，德国小男孩上着上着课就哭了。

老师说："你怎么了？"

"那个中国小姑娘没来上课，我很难过，我不能上课了。"

老师说："你很难过，那你先回家吧，回家休息休息。"

男孩就哭着回家了。他妈妈就问："你怎么回来了？"

他说："我很难过，那个中国女同学没来上课，我很喜欢她，我将来要和她结婚。"

这个德国妈妈就很会教育孩子，她说："是吗，你喜欢一个中国的女孩，很好啊！可是你要结婚，你有条件吗？结婚得买房子啊，你得有自己的房子啊，你得有车，这些你有吗？"

"没有。"

"所以啊，你得好好学习。你现在好好学习，将来找个好工作，挣了钱，有条件了，你就可以向她求婚了。"

男孩一听，对呀，就又回去上课了。

你看，一个日本老师和一个德国母亲面对孩子的性问题，他们都用了一种美好的方式来引导孩子。

没有教不好的孩子，只有不会教的父母

220

89. 做个会倾听、会沟通、会爱的父母

爱，是一个厚重而圣洁的话题，苏联伟大的教育学家苏霍姆林斯基说："在每个孩子心中最隐秘的一角，都有一根独特的琴弦，拨动它就会发出特有的声音，要使孩子的心同我讲的话发生共鸣，我自身就需要同孩子的心弦对准音调。"他让我们知道，与每一个孩子的那根独特的琴弦对准音调，是需要有一颗敏感的心去聆听和调试的，而这颗敏感的心只能来自爱的滋养、情的陶冶。所以，父母要尊重孩子，与孩子的沟通要建立在爱的基础上，只有这样才能和孩子们的心灵产生共鸣。

某市的一位母亲突然发现读高二的女儿怀孕了，恰巧孩子父亲出差在外，母亲一下蒙了，不知如何是好。经过反复思考，权衡再三，这位母亲觉得最明智的办法是把胎儿打掉，将这件事的影响控制在最小范围内，把对女儿的伤害降低到最低限度。

在这个过程中，母亲对孩子没有任何责怪，而是把她当成一个生病的孩子悉心照顾，像朋友一样陪她聊天，给她讲生理卫生和避孕常识，讲父母年轻时的恋爱经历，讲小时候的趣事……女儿终于放下了心理包袱，把事情始末告诉了母亲。

原来女儿上高中后由于英语口语不好，常被同学讥笑，唯有一位男同学不仅不歧视她，还热心帮助她。两个人之间慢慢产生了一种莫名的情感，最终两个情窦初开的孩子由于冲动而越轨。

知道真相的母亲没有批评孩子，也没有去责怪男孩，而是把所有心思放在女儿身上。她知道身体康复的女儿在心理方面的康复还需要一段时间，于是她加倍给女儿以关爱。她对女儿说："爱慕一个优秀的异性，这是正常的，是一种美好的情感，妈妈十几岁时也有过，但只是在心里偷偷地爱，因为还不到谈情说爱的年龄。你也一样，现在还是学生，对爱慕的人必须把握在同学友谊这个尺度，否则会一时冲动犯了错。知错能改，为时不晚，妈妈允许你犯一次错误，但同样的错误不能犯第二次。"这位母亲还向女儿道歉，因为只注重孩子的学习而没有把必要的性和避孕知识告诉女儿，并保证这件事永远都是母女俩的秘密，不让外人知道。女儿被博大的母爱深深感动了，她说："妈

妈，您放心吧，我一定会成为让您骄傲的女儿！"

女儿在妈妈的鼓励和引导下，康复后勤奋学习，严格自律，和那位男同学正常交往，保持着同学间的友谊，而且听从妈妈的嘱咐没有再和他单独接触，也没有告诉他怀孕这件事。最终女儿成功考取了国外一所名牌大学。大学毕业前，又收到三所外国名牌大学的研究生录取通知书。

毫无疑问，当孩子怀孕之后，最能给予她有效帮助的人莫过于父母。在这方面，上面这位母亲做出了榜样，她用事实真切地告诉我们：孩子的早恋早孕并非好事，但处理得当，或许会变为健康成长的重要转机。

反过来想想，如果犯错的女儿没有得到亲人呵护，没有母爱的循循善诱，她的人生从此会走向何处？

与其把孩子封闭起来，控制他的交往，不如打开大门，让孩子在广泛交往中学会与人沟通。有的专家提出把"早恋"变成"早练"，不失为一个好办法。

家教建议：

父母应该把性当作每个人成长过程中必须要了解的科学理念和知识来介绍给孩子。告诉孩子，性是美好的。

性是美好的，国外一些父母对此的做法很值得我们中国家庭借鉴。在性教育上宜早不宜晚，当然有些原则是需要父母强调的，如恋爱不宜太早，对感情问题要有责任心。父母应该严肃地表达这些原则，让孩子知道在性问题的处理上，是有原则的，但是切忌不要过于唠叨。

当孩子提出性问题的时候，一定要及时坦率地回答，发现问题就解决，如果问题堆积在一起，就更难对付了。而且，还可能让孩子渐渐对父母失去信任，再有问题也不会找父母了。

对待孩子的早恋，就像大禹治水一样，"疏"比"堵"效果好。

附录：你的孩子有多少爱

爱，意味着对别人的福利与感情的关心，它会让我们的孩子知道善待别人是要做的正确的事情。在对孩子进行爱的教育之前，你了解你的孩子到底有多少爱吗？没有人生下来就是无情的，关键在于后天所接受的是什么样的教育。在对孩子进行爱的教育之前，你是否真的了解你的孩子到底有多少爱心吗？

下面的这个测试会帮你更进一步地了解自己的孩子。

测试中的句子描述着孩子们经常会表现出来的行为，并说明他们怎样以自己的言行关心别人的福利和感情，在每个句子后面的横线上写上你认为最能代表孩子目前水平的数字，然后使这些数字相加得出总分。

您的评分标准是：

5 = 一贯　4 = 经常　3 = 有时　2 = 偶尔　1 = 从不

1. 无须提示就会说出可以得到别人"好感的"和善的评论。_____

2. 有人受到不公正或受轻视的待遇时，真诚地表示关心。_____

3. 坚持与受到捉弄或冷遇的人待在一起。_____

4. 善待动物，而且肯照顾那些遭受虐待的动物，或是对动物表示同情与关爱。_____

5. 不图回报地帮助和安慰别人，并与他们共患难。_____

6. 拒绝参与侮辱、威胁或嘲弄别人。_____

7. 注意别人的需要，并根据那些需要办事。_____

8. 关爱需要帮助的人或处境艰难的人。_____

9. 乐意做能使人高兴的事情。_____

10. 定期学习身边榜样中善良的、关爱人的行为。_____

总分 _____

结论：

40－50之间：你的孩子在德商这个方面是挺不错的。

30－40之间：如果孩子的爱心可以进一步提高，他将受益终身，也就是说，你的爱心教育还要再加把劲儿。

20－30之间：孩子在爱心方面有潜在的问题。可能身为家长的你，要反省与调整一下你的教育方式了。

10－20之间：孩子存在潜在的危险，应该考虑得到提高孩子爱心的帮助了。

人们对别人表示爱与关心的方法很多。孩子越是能够意识到特别善良与关心的行为，越是有可能将这些行为融入自己的日常生活中。以下就是你可以与孩子讨论和演示、向别人表示关爱的例子，如果你想在日常生活中一点一滴地培养孩子的爱心，可以把这个表格挂在孩子经常可以看到的地方，时刻提醒他应该要怎样做才是对的。

后记：其实，每一个孩子都很优秀

就像世界上没有完全一样的两朵花、两片树叶一样，每一个孩子也都是不一样的。

每一个孩子都是独立的自我，个性、性格、习惯各有不同。每一个孩子都有自己的长处，亦有自己的弱点。世界上从来没有一个完美的孩子，正如世界上从来没有完美的父母。

正因如此，我们每一位父母都要静下心来，用爱心、耐心、真诚来陪同引领孩子的成长。

每一个孩子的天赋不一样，成长的节律不一样，所以我们要善于观察，不要只看见邻家的孩子是优等生。既要引导鼓励孩子尽可能学习更多的知识，又要鼓励孩子发现自己的天赋和长项，然后在自己强烈感兴趣和有天赋的领域花更多的时间去耕耘。

一个人的成功绝对不是单一方面的，一定是一个综合的原因。同样，一个孩子教育的成功，也是一个综合的因素——千万不要认为单一化的成功方式。比如我们既要督促孩子把勤奋当作一种习惯，但是更要把孩子的身体健康作为首要因素加以考虑。如果只是一味的"死学"，甚至连合理的休息锻炼的时间都没有保证的话，孩子早晚会出现身心问题。做父母的不但不会感到欣慰，还会为此担忧后悔。

尽管某些科学家研究得出，人在某一个阶段会对特定内容有非常棒的学习能力。比如，12岁之前孩子的语言学习能力非常强，但是不是说只有在12岁之前才能学习语言，因为在某种意义上说，只要开始学习并努力，任何时候都不晚。比如全中国都知道的新东方老总俞敏洪先生，他开始学习英语的时间是在初中，这个年龄已经远远大于12岁了。

曾经有两位"哈佛男孩"，他们都是智商高达180分的小超人，但是成年后一位成了数学家、大学教授，另一位的人生却平凡普通，甚至在别人眼中还有些失败。固然是天才少年，也需要在成长中有父母的关心、尊重、照顾。因为人的智商不能完全决定人的成功。今天我们知道成功还有许多因素，比如性格、个性、道德素质等。尤其是在青春期，孩子情绪化严重，这个时期如果没有父母的仔细观察、了解，没有耐心地陪伴，没有欣赏般地鼓励，孩子是很容易陷入孤独状态，甚至逐渐形成几乎和父母不再交流的状态。

怎么样才能让孩子与我们心心相印？我认为我们作为家长既要像一位智者，把人生的经验与孩子分享，又要像教练一样培训他们的习惯，更要像朋友一样尊重与欣赏他们。中国古代早已有"多年父子成兄弟"的经验之谈，今天我们完全可以做到"多年母女成姐妹"、"多年父母孩子成朋友"。我们不仅仅能够看到孩子的优秀，当孩子面临困难、遭遇失败的时候，我们更需张开双臂拥抱他们，给他们安慰与鼓励，让他们从小就学会用理性平和的力量来化解人生的困难，用包容的力量来对待不同的声音。成为一个智商、情商、逆商都不断提高的人，让他们在人生的经历中越来越坚强、越来越自信、越来越无惧风雨。

列夫·托尔斯泰在《安娜·卡列尼娜》中写道："幸福的家庭是相似的，不幸的家庭各有各的不幸。"所以，作为父母我们更有理由让自己去建设一个幸福和睦家庭。

读懂孩子的心、孩子的愿望、孩子的理想、孩子的脾气、孩子的问题、孩子的困难……和孩子共同面对、共同成长，我们不仅会遇到更优秀、更懂事、更可爱的孩子，也将遇到更优秀、更智慧、更幸福的自己！

西川木兰
2018 年春天

图书在版编目（CIP）数据

没有教不好的孩子　只有不会教的父母 / 杨嵩，西川木兰著 . -- 北京 ：中华工商联合出版社，2018.6

ISBN 978-7-5158-2281-5

Ⅰ . ①没… Ⅱ . ①杨… ②西… Ⅲ . ①家庭教育 Ⅳ . ① G78

中国版本图书馆 CIP 数据核字（2018）第 086251 号

没有教不好的孩子　只有不会教的父母

作　　者：杨　嵩　西川木兰
图书策划：雨后彩虹
责任编辑：李　瑛　袁一鸣
责任审读：魏鸿鸣
责任印制：迈致红
出版发行：中华工商联合出版社有限责任公司
印　　刷：北京欣睿虹彩印刷有限公司
版　　次：2019年1月第1版
印　　次：2019年8月第3次印刷
开　　本：710mm×1020mm　1/16
字　　数：170千字
印　　张：15
书　　号：ISBN 978-7-5158-2281-5
定　　价：39.80元

服务热线：010-58301130
销售热线：010-58302813
地址邮编：北京市西城区西环A座
　　　　　19-20层，100044
http://www.chgslcbs.cn
E-mail: cicap1202@sina.com（营销中心）
E-mail: gslzbs@sina.com（总编室）